Salvatore Pittorru

NARCOCARIBE

Il business della droga nel Mar dei Caraibi

e in America Centrale

la case books

NARCOCARIBE

Il business della droga nel Mar dei Caraibi e in America Centrale

Salvatore Pittorru

ISBN 978-1-953546-60-9

LA CASE Books

PO BOX 931416, Los Angeles, CA, 90093

info@lacasebooks.com || www.lacasebooks.com

INDICE

PREFAZIONE
DELL'AUTORE

Per motivi professionali ho passato quasi nove anni della mia vita nella regione caraibica. Questo libro è stato sviluppato sulla base di conoscenze maturate sul campo e grazie alle diverse analisi fatte nei diversi periodi in cui ho vissuto tra Messico, Bahamas, Cayman Islands, Panama, Repubblica Dominicana, Costa Rica, Colombia e Venezuela. Per tutto il tempo della mia permanenza nella regione ho potuto verificare l'impatto che il narcotraffico ha su tutta la comunità locale e, soprattutto i drammatici effetti di questo business. Nel libro ho parlato solo degli attori che si affacciano sul Mar dei Caraibi, e solo su di essi ho cercato di focalizzare gli argomenti trattati, accennando solamente al ruolo che altre entità latino americane come ad esempio Bolivia e Perù, che, pur ricoprendo un ruolo fondamentale nel narcotraffico, non fanno parte della regione chiamata Grandi Caraibi.

Non è stato facile e, continua ad essere complicato, poter seguire questo movimento criminale in tutte le sue fasi, analizzarlo e cercare di spiegarlo nelle sue dinamiche, d stiamo parlando di un fenomeno estremamente mutevole. Quasi ogni giorno c'è un cambio di attori, ne nascono di nuovi, ne spariscono altri, avvengono scissioni, tradimenti, finiscono alleanze, se ne creano nuove.

È stato difficile per me ma, soprattutto è difficile per tutte le entità preposte a combattere questa attività criminale, governi, agenzie, forze dell'ordine che spendono ogni attimo per cercare di eliminare questa piaga. Molti di loro pagano questo impegno con la società anche con la vita.

È al loro che dedico questo libro.

NARCOCARIBE

INTRODUZIONE

Caraibi, una regione che si estende per oltre un milione di miglia quadrate, costituita da isole di varie grandezze, da innumerevoli isolotti disabitati e dalle coste continentali orientali dell'America Centrale, tutti paesi e territori insulari che si trovano al centro o che hanno una costa in questo mare.

Essa comprende le isole delle Antille che corrono dallo Yucatan in Messico alla costa settentrionale del Venezuela e Colombia, includendo le coste di Panama, Costa Rica, Nicaragua, Honduras, Guatemala, Belize e del Messico e di tutte le isole, isolotti comprese in questi limiti.

Tuttavia, molti ritengono che tale regione, secondo una profonda analisi geopolitica, debba essere indicata con il nome di "Grandi Caraibi", includendo oltre i territori bagnati fisicamente dal Mar dei Caraibi, anche altri cinque entità: Bahamas, El Salvador, Repubblica di Guyana, Suriname e Guyana francese. In questa area si trovano entità statali con caratteristiche particolari e differenti tra loro, dove convergono con particolare intensità gli effetti della globalizzazione.

Ormai l'intera regione Caraibica si è inserita nel contesto economico mondiale di tale fenomeno il quale, ne ha riaffermato il suo ruolo periferico e di confine, da dove alternative economiche illecite ed attività offshore legate alla creazione di paradisi fiscali e finanziari, sono diventati elemento fondamentale nell'economia locale. La storia turbolenta della regione ha prodotto nei secoli un mosaico di piccoli stati sovrani, colonie, nazionalità, razze, religioni e culture che ben si adattano al prosperare di attività illegali, dinamica che ha favorito alti tassi di violenza e criminalità legata a bande locali ed organizzazioni mafiose sovranazionali.

L'intera area, tranne poche eccezioni, è da tempo gravemente colpita dal traffico illegale di sostanze stupefacenti e dalle varie attività illegali collegate a questo fenomeno, come criminalità comune dilagante, traffico di armi, riciclaggio di denaro e corruzione dei sistemi politici.

Oggi, la regione dei Caraibi comprende un importante insieme di unità politiche caratterizzate dal comprendere venticinque stati indipendenti e venti territori incorporati nelle ex metropoli coloniali. Le piccole isole che hanno saputo raggiungere l'indipendenza contribuiscono a proiettare la regione come quella con la più alta concentrazione di piccole entità statali al mondo, che pone sfide importanti per promuoverne lo sviluppo socio-economico e garantirne la sicurezza. Le sue unità politiche sono, nella quasi totalità dei casi, molto aperte, con un intenso commercio internazionale.

Dei vari territori che compongono le isole caraibiche, distribuite su sette mila isole, isolotti, solo quindici sono Stati sovrani, gli altri mantengono ancora rapporti di dipendenza politica e/o economica con gli Stati Uniti o alcuni paesi europei. Alcuni di essi sono ancore colonie di stati europei.

Ancora ad oggi infatti sono ancora molti i territori caraibici sotto la giurisdizione di poteri extraterritoriali come Francia (Guadalupa, Martinica, San Barth, Saint Martin,) Regno Unito (Isole Vergini Britanniche, Isole Cayman, Montserrat, Isole Turks e Caicos), Paesi Bassi (Aruba, Bonaire, Curacao, Saint Maarteen, Saba, Saint Eustatius) e Stati Uniti (Isole Vergini Americane e Porto Rico).

Questo status di territori ancora sotto il controllo di potenze straniere, spesso definiti territori di oltre mare da parte di quelle europee, facilita i traffici illegali nel Mar dei Caraibi, in particolare il traffico di droga ed il riciclaggio di denaro proveniente da esso.

I cartelli criminali dediti al narcotraffico traggono un enorme vantaggio dalla sovranità multipla di questi territori, in cui non esistono barriere doganali e in cui spesso esistono strutture finanziarie con un rapporto speciale con la madrepatria che facilitano la libera circolazione del denaro e, quindi la possibilità di lavare quello proveniente da attività illecite.

Negli ultimi anni, il settore bancario di molti paesi della area caraibica ha avuto tassi di crescita notevoli, soprattutto grazie il coinvolgimento di molte entità bancarie nel riciclaggio di denaro proveniente dalle varie attività legate al traffico di droga in paesi come il Messico e la Colombia in primis.

Molti stati della area caraibica sono paradisi fiscali (Aruba, Bermuda, Dominica, Barbados, Isole Vergini americane, Isole Cayman, Trinidad e Tobago, Panama, Belize, Curacao), nei quali vigendo il segreto bancario, rende difficile l'individuazione da parte delle agenzie preposte al contrasto delle attività illecite, individuarne la provenienza e i vari movimenti di denaro depositati nei conti bancari.

Secondo il Dipartimento di Stato degli Stati Uniti oggi alcune isole come Antigua e Barbuda, le Bahamas, le Isole Cayman, Dominica, la Repubblica Dominicana e Haiti sono tra i paesi a più alto riciclaggio di denaro e le cui istituzioni finanziarie partecipano a transazioni monetarie che comportano significativi importi delle entrate derivanti dal traffico internazionale di stupefacenti.

Altro elemento perverso ormai radicatosi in gran parte della società caraibica sono gli alti livelli di corruzione che prevalgono nell'intera regione. Sebbene non ci siano dati ufficiali sui livelli di corruzione associati all'impatto della droga a livello regionale, vari studi, pubblicazioni e rapporti ufficiali in ciascuno dei paesi interessati al fenomeno, menzionano l'importanza di questo problema, che ha impatti drammatici sulla classe politica ed imprenditoriale, sugli agenti e sulle agenzie della sicurezza nazionale, inclusi i militari.

La principale droga contrabbandata attraverso i Caraibi continua ad essere la cocaina proveniente principalmente dai primi tre produttori mondiali: Bolivia, Perù e Colombia.

La destinazione principale, sono gli Stati Uniti e i paesi europei, le rotte principali su cui scorre il traffico attraverso il Mar dei Caraibi sono la Giamaica, dove grandi bande criminali regolano il flusso di cocaina, la Repubblica Dominicana e molti paesi centroamericani che si affacciano su esso.

Si stima che circa 1000 tonnellate di cocaina attraversino i Caraibi ogni anno. Tuttavia, è difficile dare una cifra precisa su questo dato che le forze dell'ordine ritengono che solo il 6% circa del traffico venga mai rilevato e le rotte vengono costantemente modificate per evitare il rilevamento.

Altra droga comunemente trafficata nei Caraibi è la cannabis. Il produttore principale di questo è la Giamaica. Tuttavia, con la depenalizzazione della droga in molti stati degli Stati Uniti, al giorno d'oggi, questo commercio è in declino.

Altre droghe spedite utilizzando la rotta marittima del Mar dei Caraibi includono fentanil, eroina e altri oppioidi. Tuttavia, questo al momento è un traffico relativamente basso, in quanto il mercato della cocaina assorbe oltre il 90% della droga spedita attraverso la regione caraibica.

La posizione geografica dell'intera area caraibica, situata tra il Sud America e gli Stati Uniti, l'ha fatta diventare un ponte tra paesi che producono e, paesi che consumano sostanze stupefacenti. Come è noto, la regione sudamericana produce la maggior parte della cocaina mondiale e, secondo stime ufficiali, circa l'88% di questa sostanza stupefacente prodotta sul suo territorio è destinata al mercato statunitense ed europeo, facendo cosi assumere a tutta l'area caraibica un corridoio naturale per tutti i tipi di flussi illegali.

La condizione insulare di molti dei paesi che si affacciano sul Mar dei Caraibi, è storicamente una area di rilevante importanza per il commercio marittimo in generale, che però, come effetto collaterale, l'ha fatta divenire nell'arco dei secoli, anche un luogo in cui da sempre, si svolgono attività illegali di vario natura, come pirateria e traffici illeciti.

Tenendo conto, che ancora ai nostri giorni, la maggior parte della cocaina viene trasportata via mare, l'intero Mar dei Caraibi è ormai diventato un punto nevralgico in cui si sviluppano le più importanti rotte del traffico di droga nell'emisfero occidentale.

Lo status geopolitico in cui versa la regione, ha fatto si che i cartelli della droga abbiano sempre considerato l'area caraibica molto interessante in cui sviluppare la propria rete commerciale.

A causa di tale status da moltissimi anni, tranne qualche eccezione, i caraibi insulari sono un'area relativamente stabile dal punto politico e sociale, quindi ideale per lo sviluppo di attività commerciali, sia che esse siano attività legali con il fine di riciclare il denaro sporco, sia attività puramente illegali.

Inoltre, per i vari attori addetti ad attività criminali, i Caraibi sono molto attraenti, anche per la posizione e la diversità geografica.

Molte delle isole sono disabitate o hanno un controllo effettivo scarso o nullo da parte di alcuna autorità sovrana. Pertanto, tale situazione territoriale facilita l'utilizzo di alcune isole come punto di consegna o ricezione di sostanze stupefacenti.

Un caso esemplificativo sono le Bahamas, arcipelago formate da un arcipelago composto da settecento isole, o da San Vincent e Grenadine, anche esso arcipelago composto da seicento isole ed isolotti. In ambedue arcipelaghi la maggior parte delle isole ed isolotti che li compone sono disabitate e molto spesso non controllate, permettendo cosi un ampio margine di manovra ai narcotrafficanti o, a vari attori dediti al contrabbando illegale o, alla pirateria, quest'ultima molto spesso collegata ai narcotrafficanti.

Anche molte zone costiere dei vari stati non insulari che si affacciano su questo mare posseggono vaste aree inabitate spesso attraversate da fiumi e piccoli corsi d'acqua provenienti dall'entroterra, spesso utilizzati dalle organizzazioni criminali come vie di trasporto della droga dalle zone di produzione del prodotto al mare.

Anche se la regione insulare caraibica non è stata mai la sede di un potente cartello, è stata da sempre uno spazio regolarmente utilizzato dai cartelli della droga locali a causa della sua privilegiata condizione costiera e di confine, che ha fatto diventare questa area come un punto strategico per l'esportazione di droga e l'ingresso di armi.

Altro elemento di significativo aiuto al narcotraffico, riguarda l'alto livello di corruzione presente nei vari apparati statali di molti paesi della regione caraibica. Questa piaga non risparmia nessuno, e coinvolge politici, forze dell'ordine, militari, mezzi di comunicazione.

La lista è molto lunga e colpisce le società caraibiche ad ogni livello. I libri paga delle narcomafie sono pieni di nomi. Per tale ragione, spesso a molti stati è stato affibbiato addirittura il nome di "narco stato".

Il più famoso di tutti fu Panama, quando negli anni novanta, sotto la presidenza del Generale Noriega, divenne un punto cardine nella struttura criminale creata dai cartelli colombiani, che utilizzavano questo paese centroamericano come il principale centro per l'esportazione di cocaina verso gli Stati Uniti facendo transitare in loco la quasi totalità della merce.

Altri paesi hanno acquisito nel tempo la stessa nomea, come ad esempio le Bahamas, la Giamaica, il Nicaragua, l'Honduras, Portorico, la Repubblica Dominicana, Haiti, Trinidad e Tobago.

Le sfide alla legalità nel Mar dei Caraibi sono di ampia portata, infatti, oltre il traffico di droga, tali sfide includono anche il contrasto ad altre attività criminali come, il traffico di armi, di esseri umani, di specie animali protette, l'immigrazione clandestina, la pesca illegale e la pirateria.

Tali fattori illegali hanno per molto tempo ricevuto, da parte della comunità internazionale, molta meno attenzione rispetto ad altre aree geografiche mondiali in cui sono presenti minacce alle sicurezza marittima, sia a causa di una sottovalutazione dei vari fenomeni criminali, sia per mancanza di volontà politica, di mezzi e cattiva organizzazione da parte delle autorità locali preposte al contrasto della illegalità.

Negli ultimi anni, tuttavia, alcuni paesi caraibici, tra cui Bahamas, Giamaica e Barbados, hanno iniziato a rimodernare ed espandere le proprie flotte navali, ampliando cosi le propria capacità di pattugliamento navale, supportando finalmente Stati Uniti e Colombia, nazioni che da sempre sono in prima linea nel contrasto alle diverse attività illegali che si svolgono nel bacino caraibico, soprattutto al traffico di sostanze stupefacenti.

NARCOCARIBE

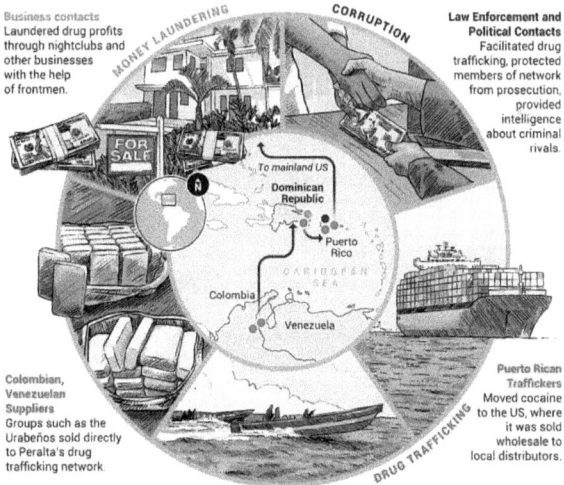

Business contacts
Laundered drug profits through nightclubs and other businesses with the help of frontmen.

MONEY LAUNDERING

CORRUPTION

Law Enforcement and Political Contacts
Facilitated drug trafficking, protected members of network from prosecution, provided intelligence about criminal rivals.

To mainland US
Dominican Republic
Puerto Rico
CARIBBEAN SEA
Colombia
Venezuela

Colombian, Venezuelan Suppliers
Groups such as the Urabeños sold directly to Peralta's drug trafficking network.

Puerto Rican Traffickers
Moved cocaine to the US, where it was sold wholesale to local distributors.

DRUG TRAFFICKING

Toño Leña Network
Specialized group transported cocaine from the Dominican Republic to Puerto Rico.

September 2021
Source: InSight Crime interviews, Dominican Republic Attorney General's Office, US Justice Department, El País

insightcrime.org

NARCOCARIBE

CAPITOLO 1

IL FENOMENO DEL NARCOTRAFFICO NELL'AREA CARAIBICA

1. CONTESTO GENERALE. PRODUZIONE E TRAFFICO DI SOSTANZE STUPEFACENTI

• COCAINA

Il trasporto di cocaina via mare attraverso il Mar dei Caraibi è stata da sempre il metodo più utilizzato, a partire soprattutto dai primi anni '80 del secolo scorso, epoca in cui il traffico di cocaina era monopolio dei cartelli criminali colombiani, dominatori incontrastati della scena. Le rotte caraibiche erano le privilegiate in quanto i paesi insulari che si affacciano in questo mare, a causa della la loro collocazione geografica, erano ritenuti centri di smistamento ideali tra domanda (Stati Uniti ed Europa) e offerta (Colombia, Bolivia, Perù).

Negli anni successivi, a causa della pressione delle autorità militari colombiane e statunitensi, (quasi il del 76% della cocaina sequestrata in rotta verso gli Stati Uniti venne intercettata sulla rotta caraibica), i narcotrafficanti sudamericani abbandonarono le rotte marittime caraibiche, sostituendole con rotte via terra attraverso l'istmo centroamericano e rotte aeree via Honduras e Messico (questo cambio fece acquisire potere ai cartelli messicani, rafforzandoli economicamente e politicamente, facendoli nel tempo diventare tra i più potenti e temuti cartelli criminali a livello mondiale). Però, nell'ultimo decennio, a causa del forte investimento degli Stati Uniti nella lotta contro il traffico di droga proveniente dall'America Centrale e dal Messico, il drastico aumento della produzione di cocaina, la perdurante crisi politica in Venezuela che ha portato questo stato a ricoprire un importante nodo di smistamento di questa sostanza, hanno fatto si che tali rotte marittime siano state riattivate dai cartelli della droga, facendo ridiventare il bacino dei Caraibi una delle vie principali nel traffico di sostanze stupefacenti, verso i principali mercati ricettivi, vale a dire Stati Uniti ed Europa.

Si stima che il traffico di cocaina nel Mar dei Caraibi rappresenti circa il 25% di tutto il movimento di questa droga nell'emisfero occidentale. Il traffico illecito di stupefacenti nella area, soprattutto cocaina, ha fatto diventare questo attività criminale di dimensioni nazionali, regionali e globali, coinvolgendo molti attori, statali e non statali.

Essi sono stati suddivisi da Michael Morris* in tre gruppi:

• 1° gruppo: produzione (Colombia, Bolivia e Perù)

• 2° gruppo: transito (Paesi area caraibica)

• 3° gruppo : consumo (Stati Uniti e Paesi Europei)

Le varie entità statali presenti nel bacino caraibico, che costituiscono il gruppo di paesi in cui avviene il transito dei stupefacenti, tende ad avere, in questo traffico illegale, caratteristiche molto diverse l'uno da l'altro.

Ad esempio, sebbene i paesi del bacino caraibico siano prevalentemente coinvolti nel transito di droga, cocaina in primis, fra questi, alcuni sono anche fornitori di altre sostanze stupefacenti come la marijuana (Belize, Giamaica, Messico) e l'eroina (Messico).

Il valore strategico della posizione dei Caraibi tra Sud America e Nord America / Europa ha resistito nonostante tutti cambi di rotta avvenuti negli anni.

I Caraibi, nonostante l'apertura di nuove rotte come la famosa "highway 10", rotta tra il Sud America e la Guinea Bissau, paese dell'Africa Occidentale, sono ancora il canale chiave per il traffico di droga dal Sud America agli Stati Uniti e all'Europa.

Questo generalmente comporta uno stretto coordinamento tra i trafficanti di droga situati all'interno o intorno alle isole dei Caraibi e alle loro controparti negli Stati Uniti ed in Europa.

Analizzando il flusso di cocaina via mare, viene messo subito in risalto il fatto che il punto di partenza delle varie rotte su cui avviene il trasporto della cocaina verso i Caraibi centrali ed occidentali, siano le coste colombiane. Si stima che il 58% della cocaina che arriva ogni anno nei paesi caraibici proviene direttamente dalla Colombia, il 29% dal Venezuela, circa 8% dai vari stati che costituiscono il centroamericana continentale e, un rimanente 5%. dal Brasile.

Per quanto riguarda le narco rotte si può anche affermare che Colombia, Panama, Costarica, e Honduras, sono le fonti di cocaina diretta verso i Caraibi centrali e occidentali, mentre il Venezuela, e in misura minore il Brasile, sono all'origine del flusso di cocaina verso i Caraibi orientali e, verso la Guyana francese, Guyana e Suriname.

Da questa analisi appare chiaro che il traffico marittimo di cocaina verso l'area centrale ed occidentale dei Caraibi è destinato a servire il mercato nord americano, mentre il narco traffico attraverso i Caraibi orientali e continentali è diretto verso il mercato europeo.

E interessante notare che da diverse analisi fatta da vari investigatori, risulta che le rotte della cocaina verso l'Europa sono spesso influenzate anche da legami coloniali e linguistici.

Per i paesi di lingua spagnola, la Spagna è la destinazione principale in cui viene dirottato gran parte della esportazioni di cocaina in Europa; da Haiti e dai dipartimenti oltre mare francesi parte la narco rotta verso la Francia; mentre la cocaina in transito attraverso i territori olandesi caraibici ed il Suriname arriva in Europa principalmente attraverso i Paesi Bassi.

Da qualche anno, i cartelli hanno aperto nuove rotte "commerciali" per esportare la droga, utilizzando vari paesi della Africa Occidentale, come punti di smistamento della cocaina verso l'Europa ed, addirittura, utilizzando questi nuovi collegamenti per far arrivare la cocaina sui mercati statunitensi. Fonti del Dipartimento antidroga americano (DEA) hanno stimato che il 30% della cocaina che arriva negli Stati Uniti viaggi sulla rotta Sud America/Caraibi - Africa Occidentale -Europa - Stati Uniti (Una delle rotte più famose utilizzate per il trasporto di cocaina attraverso l'Atlantico tra continente americano ed Africa Occidentale e la Highway 10, che collega il Sud America con la Guinea Bissau lungo il parallelo 10° nord.

I narcotrafficanti si spostano e cambiano spesso le rotte in risposta all'interdizione delle forze dell'ordine nazionali ed internazionali predisposte al contrasto del traffico delle sostanze illecite. Spesso questi percorsi possono a loro volta essere correlati l'uno all'altro coinvolgendo se richiesto dalla situazione sul campo, anche rotte terrestri, marittime ed aeree.

Infatti, il traffico illegale attraverso l'America Centrale e il Messico si svolge anche su rotte terrestri le quali sulla rotta Sud -Nord, spesso interagiscono con rotte aeree e marittime, indirizzando la droga verso il Golfo del Messico e verso alcuni paesi settentrionali Caraibici, facilitando cosi l'accesso della droga nella Florida meridionale e, quindi nel mercato nordamericano.

Negli ultimi anni all'interno del Sud America sono state aperte nuove rotte di transito che rapidamente hanno acquisito una certa importanza ma, nella maggior parte dei casi, tali rotte spesso alla fine riportano verso il Mar dei Caraibi.

Componente fondamentale nel traffico internazionale di sostanze stupefacenti è la presenza di una vasta rete finanziaria clandestina che da sempre aiuta a cementare i rapporti tra i cartelli della droga, colombiani e messicani in primis, ed attori appartenenti al mondo economico finanziario statunitense ed europeo.

È stato più volte dimostrato che alcune le istituzioni finanziarie presenti alle Bahamas, Curacao, Isole Cayman e Florida, hanno ricoperto un ruolo particolarmente importanti nel riciclaggio dei guadagni derivanti dal traffico illecito di droga, coinvolgendo, salvo qualche rara eccezione, ogni isola caraibica.

· CANNABIS

Il narcotraffico lungo le rotte caraibiche non riguarda solo la cocaina, ma anche la marijuana, unica droga naturale prodotta nelle isole caraibiche. Nel bacino caraibico si trovano quattro paesi che sono stati identificati nello stesso tempo come principali produttori e di transito della cannabis: Bahamas, Giamaica, Haiti, Repubblica Dominicana. A questi si aggiungono altri paesi considerati come produttori minori come Trinidad e Tobago, Isole Vergini e San Vincente e le Grenadine.

In questo contesto, la marijuana è l'unica droga naturale prodotta nelle isole caraibiche, ma rappresenta solo il 4,5% della produzione mondiale. Il più grande mercato di marijuana nei Caraibi è la Giamaica, che genera circa dieci milioni di dollari l'anno, quasi la metà del mercato regionale e il 2,8% del PIL registrato. Nell'isola vengono prodotte quasi 200 tonnellate di marijuana all'anno su un'area coltivata di 265 ettari, che rappresenta il 55% della produzione totale dei Caraibi.

I Caraibi orientali, tra cui Trinidad e Tobago e le Isole Vergini, producono circa 50 tonnellate di marijuana, Saint Vincent e Grenadine hanno con una produzione totale stimata di 25 tonnellate su un'area approssimativa di 20 ettari.

Oltre che nelle isole caraibiche, anche in Messico e Colombia si riscontrano piantagioni di cannabis.

In Messico la coltivazione è concentrata nelle aree rurali degli stati nord-occidentali del paese. Secondo il Dipartimento di Stato degli

Stati Uniti, la produzione di cannabis viene effettuata in stati come Sinaloa, Chihuahua, Durango, Guerrero e, su scala ridotta, anche negli stati di Sonora, e Michoacán.

In Colombia, la coltivazione della cannabis è stata tradizionalmente concentrata in aree rurali, geograficamente strategiche e con una popolazione emarginata. Dietro il crollo della "marimbera bonanza", cartello colombiano ormai scomparso e, il trasferimento ad altre colture come la foglia di coca, avvenuto tra la fine degli anni '70 e all'inizio degli anni '80 del secolo scorso, la Colombia è passata dall'essere un importante produttore di cannabis a uno di minore importanza.

Tuttavia, nel paese la coltivazione della cannabis è ancora presente e, secondo fonti informali, negli ultimi anni si è registrato un aumento della produzione, soprattutto nel nord del dipartimento del Cauca, situata nella regione andina della parte sud-occidentale del paese in prossimità della costa del Pacifico.

La maggioranza demografica di questa regione è costituita da popolazioni indigene per le quali, la coltivazione della cannabis rappresenta parte del loro sostentamento economico.

Le autorità di polizia colombiane riferiscono che la cannabis colombiana rifornisce soprattutto il mercato interno ma, viene esportata anche verso il Centro America.

Secondo una informativa dell'UNODC, il mercato della cannabis è basato sul traffico interregionale, cioè è un mercato dove il traffico di marijuana avviene nella stessa regione in cui viene prodotta ma, avviene anche un traffico internazionale che, pur essendo di più ridotte dimensioni rispetto al traffico di cocaina, coinvolge alcuni paesi centro americani e Stati Uniti.

Scarsa è l'esportazione di tale sostanza stupefacente verso l'Europa.

• ALTRE SOSTANZE STUPEFACENTI

Né la coltivazione del papavero né la produzione di eroina hanno luogo nei Caraibi insulari. Solo in Messico, nello stato di Guerrero vi sono coltivazioni di papavero da oppio e laboratori per la produzione di cocaina, narcotico che viene successivamente immesso sul mercato statunitense.

Nonostante alcune informazioni emerse sull'esistenza di laboratori per la produzione di anfetamine a Porto Rico, Repubblica Dominicana e Haiti, non ci sono prove complete riguardo alla produzione di ecstasy nella regione.

Al momento la regione Caraibica è utilizzata solo come importante punto di trasbordo per l'importazione di ecstasy europea, proveniente dai Paesi Bassi e dalla Spagna. In questo caso, la rotta caraibica viene utilizzata come punto di transito per occultare il rilevamento di droghe che attraversano il flusso transatlantico da est a ovest.

Anche il commercio dell'ecstasy sarebbe determinato, in parte, dalle attinenze linguistiche tra alcuni paesi europei e caraibici, per cui l'ecstasy viaggia lungo una rotta che ha come punto di partenza i Paesi Bassi con destinazione i Caraibi olandesi (Curacao, Bonaire, Aruba, Saint Maarten) e una seconda rotta, che partendo dalla Spagna si dirige verso la Repubblica Dominicana o Porto Rico e, successivamente verso Stati Uniti.

2. LA CENTRALITÀ DEL TRAFFICO DI DROGA

Il traffico di droga è un mercato che integra la domanda e l'offerta di stupefacenti con una dimensione aziendale transnazionale in cui l'America Latina occupa una posizione particolare. La regione, nel suo insieme, partecipa a tutte le fasi dell'attività: produzione, traffico e consumo nei vari mercati locali.

Le cifre che ruotano attorno all'economia della droga sono altissime. La Pan American Health Organization calcola un movimento di circa 600.000/650.000 milioni di dollari l'anno. Nel caso della Colombia, ad esempio, è stato ha calcolato che nell'ultimo decennio la capacità di esportazione della cocaina insieme ad altre droghe (marijuana) ha rappresentato circa 15.000 milioni di dollari. Stimando i costi di produzione del 20%, tale movimento di stupefacenti ha prodotto un reddito netto che oscilla tra i 12 ed i 13 milioni di cui, solo un quarto è rimasto nell'economia nazionale. Nei paesi caraibici, è stato valutato che le entrate derivanti dal traffico di droga rappresentino in media il 3,5% del PIL regionale.

Negli ultimi anni, Il mercato della droga ha subito profondi mutamenti, in particolare a causa degli effetti del Plan Colombia, di cui si parlerà più avanti e, dell'aumento dei controlli ai confini

degli Stati Uniti. Tale Piano non ha prodotto i risultati che si era prefissato, vale a dire una riduzione dell'offerta di cocaina e il conseguente aumento dei prezzi della sostanza con lo scopo di ridurre i consumi. Al contrario, ha generato un "effetto palloncino", producendo uno spostamento delle coltivazioni, lavorazione e produzione della cocaina in nuovi territori, rafforzando il potere degli attori coinvolti nel narcotraffico.

Secondo molti analisti il quadro che ne è risultato è quello di un potere crescente dei cartelli messicani nel trasferimento e vendita di droga negli Stati Uniti e della diversificazione delle rotte verso il Nord America, aprendone di nuove e coinvolgendo nuovi paesi, soprattutto quelli insulari caraibici. Inoltre, la saturazione del mercato nordamericano, le crescenti difficoltà ad attraversare il confine con gli Stati Uniti, la valorizzazione dell'euro e, la nuova possibilità di utilizzare alcuni porti dell'Africa Occidentale, hanno aperto nuove narco rotte verso i paesi europei, generando un ulteriore incremento economico per i cartelli dediti al traffico della cocaina.

3. STORIA DEL NARCOTRAFFICO NELL'AREA CARAIBICA

La regione caraibica non è mai stata la sede di un potente cartello criminale, ma è stata da sempre uno spazio regolarmente utilizzato dai cartelli della droga locali a causa della sua privilegiata condizione costiera e di confine, che poi nel tempo ha fatto diventare questa area come un punto strategico per l'esportazione di droga e l'ingresso di armi. Questo in un contesto sociale di alta tolleranza per il contrabbando e il riciclaggio di denaro proveniente dal traffico di droga.

La storia del traffico di droga nella regione risale agli anni settanta del secolo scorso ma, incomincio a fare un salto di qualità negli anni '80, con la formazione del cosiddetto Cartello della Costa, il cui centro operativo erano nelle città di Barranquilla e Santa Marta sulla costa caraibica colombiana. Già da allora, sotto il controllo di questo cartello, circa l'80% di tutta la cocaina destinata agli Stati Uniti transitava attraverso la regione caraibica.

Nella seconda metà degli anni novanta, questo gruppo fu indebolito dall'azione delle autorità locali ma, soprattutto dall'entrata nel gioco di due nuovi cartelli della droga provenienti dalle città di Medellin e Cali nel centro del paese, organizzazioni criminali che sotto il controllo di Pablo Escobar il primo e dei fratelli Rodríguez Orejuela il secondo, già dominatori del traffico di cocaina da un decennio, spodestarono il cartello locale impadronendosi del mercato. Sotto il dominio incontrastato dei cartelli di Medellín e Cali, il narcotraffico aveva assunto già da tempo un carattere che potremmo definire industriale.

La cocaina, dai paesi andini, arrivava in Colombia dove, il prodotto, ancora allo stato grezzo veniva raffinato e successivamente trasportarlo attraverso i Caraibi verso la Florida, dove, una volta arrivato, incominciava la fase di distribuzione e commercializzazione nel mercato statunitense.

I cartelli colombiani contrabbandavano la "base" (o pasta) della sostanza stupefacente dalla regione peruviana dell'Alto Huallaga, luogo in cui ha avuto origine il 65% della produzione mondiale di coca e, dalla regione boliviana del Chapare, in cui ne veniva prodotto il 25%.

Il traffico di cocaina via mare è durato molti anni, fino a quando il governo colombiano, sostenuto dalla South Florida Task Force, struttura organizzata dal governo degli Stati Uniti nel 1982 con obiettivo di sradicare il traffico di cocaina attraverso il Mar dei Caraibi, incominciò a ottenere importanti successi che portarono ad una forte riduzione del flusso di cocaina via mare.

A questo punto i cartelli colombiani incominciarono a stringere rapporti con il generale Manuel Antonio Noriega, presidente di Panama il quale diede pieno sostegno operativo alle spedizioni illegali mettendo a disposizione varie infrastrutture presenti sul territorio di questo piccolo stato centro americano.

Forti di tale sostegno i narcos colombiani, abbandonarono il trasporto via mare sostituendolo con nuove rotte terrestri ed aeree via Panama, Honduras, Costarica, El Salvador e, Messico.

Dal 2013, però, le varie autorità di diversi stati centro americani, hanno incrementato le misure di contrasto al traffico di droga facendo diminuire di quasi il 35% i narco voli verso l'America centrale, costringendo i cartelli della droga a riaprire le rotte caraibiche, aprendo nuovi canali che hanno portato il traffico di cocaina verso nuove rotte marittime con il conseguente inserimento nel sistema criminale di nuovi attori presenti su molte isole caraibiche, facendo diventare queste, luoghi di trasferimento ed interscambio del prodotto.

NARCOCARIBE

CAPITOLO 2
LOGISTICA, METODI E TECNICHE
DEL NARCOTRAFFICO

1. LOGISTICA

Le organizzazioni criminali sviluppano la loro attività di traffici illeciti sfruttando il trasporto marittimo legale attraverso il quale si svolge quasi il 90% del commercio mondiale. Oltre a sfruttare il trasporto marittimo le mafie mondiali creando compagnie fittizie, hanno costituito una propria flotta, composta da tutti i mezzi navali attualmente presenti sul mercato, come navi cargo, navi da diporto, pescherecci e imbarcazioni varie. Spesso nelle loro flotte criminali trovano posto anche dei piccoli sommergibili appositamente costruiti per il trasporto della droga.

I vari cartelli criminali sono ormai da tempo riusciti ad infiltrarsi all'interno di strutture portuali, e terminal crocieristici, in compagnie di navigazione, spedizionieri, commercianti, agenti doganali, sindacati, operatori vari e attori che operano all'interno di una struttura portuale.

La lista di persone compromesse con il narcotraffico è lunga e copre ogni livello della società civile.

Non c'è porto, indipendentemente dalle dimensione e dal volume del traffico all'interno di esso, che non sia stato infiltrato dalle varie mafie presenti nel panorama del crimine organizzato.

Grazie a queste rete di convivenze locali, le organizzazioni criminali, riescono ad operare con successo, spostando la droga di porto in porto senza incontrare grandi difficoltà, sfruttando molto spesso le complicità delle varie Autorità preposte alla sicurezza marittima e di altrettante Autorità portuali gestori dei terminal marittimi.

Inoltre è molto importante considerare un altro punto. A differenza di quanto accade sulla terra ferma, dove in molti paesi del Centro America, a partire dal Messico, coinvolti nel traffico di sostanze stupefacenti, si combatte una sanguinosa guerra per il controllo delle narco rotte terrestri. Sul mare, questo non avviene in quanto, come commenta José Ferreira Leite, uno dei più riconosciuti esperti europei nel settore, "i mari sono così grandi che c'è posto per tutti".

Tutti posso attraversarlo, nonostante ci siano tentativi di controllarlo da parte di qualche cartello. Per esempio, un gruppo criminale messicano ha introdotto una tassa di riscossione come diritto sull'attraversamento di imbarcazioni cariche di droga in una zona marittima del Pacifico, rivendicata come sotto la propria giurisdizione.

2. MODALITÀ DI TRASPORTO DELLA DROGA. GENERALITÀ.

Le rotte caraibiche in cui avviene il transito illegale della droga sono per natura flessibili e difficile da interdire. Per portare avanti la loro attività criminale, i narcotrafficanti utilizzano una varietà di trasporti, terrestri, marittimi ed aerei sfruttando il traffico marittimo e aereo commerciale, la diffusa corruzione presente nella classe politica di alcuni paesi e delle forze di sicurezza locali ma, soprattutto sfruttando le caratteristiche geografiche della regione costituita da lunghe coste difficili da pattugliare da parte delle forze di polizia marittima e Marine Militari preposte al contrasto delle attività illegali. Da qualche anno, a causa del miglioramento dell'interdizione aerea, i cartelli criminali fanno molto affidamento sul trasporto della droga via mare. Il mare offre vaste possibilità di contrabbando e le rotte utilizzate dai cartelli criminali sono molteplici, con caratteristiche specifiche diverse l'una d'altra che si avvalgono di innumerevoli infrastrutture insulari presenti lungo il percorso.

I narcotrafficanti possiedono notevoli capacità e conoscenze per mescolarsi ai normali flussi di traffico civile, soprattutto in ambito marittimo. Questo modus operandi rende spesso difficile le operazioni di interdizione da parte delle forze preposte al contrasto di tale attività criminale.

I trafficanti di droga revisionano o modificano costantemente le tecniche di trasporto e i metodi utilizzati per far sì che la loro attività illegale abbia successo si evolvono in continuazione.

Tali metodi attraversano il globo e sono limitati solo dall'immaginazione e dalla determinazione delle organizzazioni criminali dedite al traffico di contrabbando di stupefacenti.

Per molti decenni, i principali metodi di trasporto sono state piccole imbarcazioni ad altissima velocità che potevano viaggiare per lo più inosservate nelle trafficate rotte marittime caraibiche, ma negli ultimi anni il volume delle droghe spostate è aumentato notevolmente costringendo i narco trafficanti ad utilizzare per il trasporto della cocaina, altri mezzi navali, navi mercantili e sommergibili in primis.

Oggi le navi mercantili sono diventate il principale sistema di trasporto per il commercio internazionale delle sostanze stupefacenti. Carichi di cocaina vengo trasportati nascosti tra i loro carichi, nei doppi fondi, nelle casse di zavorra, nei sistemi di ventilazione, tra i complessi ingranaggi delle sale macchine. Qualsiasi cella, ripostiglio, struttura o angolo, è adatta a nascondere la droga, carichi di cocaina vengo nascosti nei container, nelle lance di salvataggio, nelle cabine dell'equipaggio in appositi scomparti menti e spazi chiusi interni ed esterni.

I cartelli dediti al narcotraffico sono diventati abili nello stoccaggio e nel carico di cocaina a bordo navi mercantili e grazie alla complicità di armatori, equipaggi, doganieri, importatori ed esportatori spediscono i loro carichi in qualsiasi porto del mondo.

La varietà e la capacità dei mezzi navali utilizzati nel narco traffico è particolarmente flessibile.

Si va dal trasporto dei carichi illegali utilizzando navi mercantili, al trasporto con mezzi veloci e sommergibili costruiti apposta per trasportare carichi di sostanze stupefacenti.

Quando non vengono utilizzate navi commerciali di grandi dimensioni, portacontainer in primis, i cartelli utilizzano mini sommergibili ed imbarcazioni veloci, generalmente con una lunghezza fuoritutto di i 12 ed i 18 metri, pescherecci di piccole/ medie dimensioni con lunghezza fuoritutto comprese tra i 40 e i 60 metri, imbarcazioni a vela.

Il traffico illegale più comune viene effettuato utilizzando motoscafi veloci di piccole/medie dimensioni, cui la caratteristica principale è percorrere brevi distanze seguendo un percorso molto vicino alla costa. A causa delle dimensioni, trasportano di solito un carico di droga che non supera i 100 chilogrammi, praticamente la stessa quantità che viene trasportata quando si utilizzano aerei. Sebbene tali quantità di narcotico richiedano, rispetto a carichi trasportati con grosse navi, molti più viaggi, c'è il vantaggio che, quando le imbarcazioni vengono intercettate dalle forze dell'ordine, si perde meno merce. Inoltre, cosa molto importante, e che tali motoscafi veloci, durante la navigazione verso la tappa finale, sono costretti ad effettuare delle soste intermedie per effettuare rifornimento carburante. Questo fa si che ci sia un controllo continuo sul trasporto da parte dei cartelli criminali.

Spesso si utilizzano anche percorsi misti. Per esempio, sebbene sia possibile effettuare l'intero percorso tra il Sud America e il Messico utilizzando brevi spostamenti con navigazione costiera, il trasporto della cocaina lungo costa viene sempre utilizzato in combinazione con trasporto stradale.

3. CONTRABBANDO MARITTIMO. UNO SGUARDO GLOBALE.

Prima di analizzare il trasporto di droga, cocaina in primis, lungo le rotte nautiche centroamericane è molto utile analizzare come, la movimentazione delle sostanze stupefacenti via mare avviene a livello globale, in cui l'area caraibica ricopre un tassello fondamentale, essendo spesso il punto di transito iniziale della catena del narcotraffico.

È stato stimato che tra il 70 e l'80% della cocaina consumata nel mondo viene trasportata via mare. La rotta marittima globale ha significato per le mafie la possibilità di coprire mercati lontani, ovvero aree remote o paesi dove tale sostanza stupefacente era sconosciuta, come ad esempio molti paesi africani, in cui i cartelli criminali, sfruttando l'arretratezza sociale e la dilagante corruzione della classe politica e militare locale, ha impiantato basi logistiche, facendo diventare molti di questi paesi dei narco stati.

I metodi utilizzati dalle narcomafie per trasportare la droga via mare sono molto vari. A seconda del volume del carico, saranno le dimensioni dell'imbarcazione che fanno decidere il modo in cui la droga viene inviata.

Spesso molte spedizioni di droga avvengono, senza che gli equipaggi siano a conoscenza della loro presenza a bordo.

Questa modalità, che prende il nome di "blind hook", tradotto in italiano "amo perso", sebbene sia praticata in qualsiasi tipo di mezzo navale, nella maggior parte dei casi viene praticata sulle navi da carico. Consiste nel mettere la droga in pacchi, borse, valigie, barili o qualsiasi piccola confezione, tra le merci protette in contenitori sigillati.

L'imbarco delle sostanza stupefacente sulla nave di solito avviene grazie ha il supporto o la collaborazione di spedizionieri, personale portuale, e molte volte anche con la partecipazione di agenti doganali.

Tutto viene organizzato in maniera che nessun membro dell'equipaggio, incluso il comandante, abbia il diritto di controllare il carico, pertanto, ne la compagnia di navigazione, né l'importatore, né l'esportatore possano scoprire che la merce trasportata legalmente sia servita da camuffamento per la droga. Altro metodo utilizzato dalle organizzazioni criminali dedite al traffico di sostanze stupefacenti via mare è, come poi vedremo più avanti, l'utilizzo di container. Anche qui, le compagnie di navigazione, gli equipaggi, tutti i vari attori che fanno parte della catena di trasporto e movimentazione, non hanno l'autorizzazione legale di aprire i container, quindi di controllare cosa sia stivato all'interno.

(WCO), l 'Organizzazione mondiale delle dogane e la United l'Ufficio delle Nazioni Unite contro la droga e il crimine, hanno documentato un consistente aumento del traffico globale di droghe utilizzando i container. Il report redatto dalla WCO sostiene che solo meno del 2% di dei container in circolazione viene ispezionato, mentre la UNODC ha affermato che la probabilità di individuare spedizioni illecite di droga attraverso controlli casuali dei container è estremamente bassa.

Un altro metodo creativo, fra i tanti utilizzati dai narcotrafficanti, è quello di costituire proprie compagnie di navigazione, in maniera tale da poter trasportare i loro carichi con navi di proprietà, questo utilizzando bandiere di comodo, chiamate anche bandiere ombra, che a causa di particolari normative degli stati di bandiera, la vigilanza e il monitoraggio sono molto bassi.

Un chiaro esempio è Panama, dove in poco tempo chiunque può aprire una compagnia di navigazione o una società di commercio internazionale senza doverne verificare l'esistenza.

È solo sufficiente pagare la registrazione. Per i narcotrafficanti, i paesi che forniscono loro le cosiddette bandiere di comodo sono dei veri e propri paradisi, come la già citata Panama, Liberia, Malta, etc. Sono molti i paesi, soprattutto appartenenti al cosi detto terzo mondo che ultimamente stanno creando registri navali nazionali.

Perfino la Mongolia, paese situato sulle montagne dell'Asia centrale a 700 chilometri di distanza dal mare, possiede un suo proprio registro navale.

Spesso, molte compagnie di navigazione, registrate sotto la stessa bandiera, di un determinato stato, hanno lo stesso indirizzo legale. In uno stesso indirizzo sono stati scoperte anche trenta compagnie di navigazione registrate.

Alcune organizzazioni criminali non solo possiedono navi di proprietà, ma anche terminal portuali e società di importazione ed esportazione, ovvero tutto il necessario per il business globale del traffico di droga via mare.

I narco trafficanti, spesso si limitano al solo noleggio di navi, soprattutto le cosi dette "volandiere", navi senza rotta fissa che navigano di porto in porto man mano che vengono noleggiate, come una sorta di taxi navale. Basta contattare il broker e noleggiarle.

Trattandosi nella maggior parte dei casi di navi vecchie e di basso valore, alcuni armatori le mettono a disposizione per traffico di droga, considerando che quasi sempre il valore del carico trasportato, e quindi di conseguenza il costo del nolo, vale molto di più della stessa nave di proprietà.

4. CONTRABBANDO DI DROGA VIA NAVE CON IL CARICO LEGALE

Come abbiamo visto in precedenza, uno dei metodi utilizzati dai narcos è quello di nascondere le loro spedizioni illegali all'interno del carico o al posto del carico, fabbricato con la merce o mescolato con il carico all'interno della struttura dell'imballaggio/pallet.

È risaputo che i principali cartelli della droga in Colombia e Messico hanno sul libro paga squadre di ingegneri, chimici, scienziati ed esperti logistici che si concentrano esclusivamente sullo sviluppo di metodi, tecniche e tattiche di contrabbando nuovi e migliorati per aggirare o mitigare la sicurezza misure e procedure e scoprire falle di sicurezza, il tutto per aumentare le probabilità di succcsso.

Nascondere quantità di stupefacenti all'interno del carico assume molte forme. È prassi comune nascondere la droghe illegali all'interno del carico stesso o di imballare il prodotto illegale in cartoni ermeticamente sigillati e successivamente sostituire il carico legale con essi. Esempio, all'interno di blocchi di cemento, pali di recinzione, batterie, prodotti in ceramica, veicoli e centinaia di altri prodotti. Prassi comune per cartelli della droga è di costituire società o costruire fabbriche con lo scopo di imballare il prodotto, facilitandone successivamente la spedizione. Da notare che durante questa operazione, nessuna quantità di stupefacente viene spedito fino a quando le società non si sono stabilite come entità " a norma di legge" e dopo aver effettuato diverse spedizioni di merci legittime, quando ormai non sono più soggette ai controlli da parte delle forze dell'ordine.

Anche la apertura di "compagnie fittizie" sono un espediente molto utilizzato dalle narcomafie, in quanto forniscono un alto livello di anonimato difficile da monitorare o indagare da parte delle forze dell'ordine. Altro metodo di contrabbando sviluppato per eludere il rilevamento della sostanza stupefacente è la miscelazione di cocaina o, eroina con una sostanza liquida al fine di creare un prodotto liquido da mescolare con prodotti legali come succhi di frutta, olio vegetale, acqua, ecc., regolarmente trasportati dalla nave e difficilmente localizzabili. Una volta che il carico raggiunge le sue destinazioni, i narcos mescolano acetone o etere con il prodotto contraffatto consentendo alla droga di separarsi dal liquido legittimo.

Un'altra forma di camuffamento utilizzata dalle organizzazioni criminali è l'impregnazione di cocaina o eroina nei tessuti come cotone, lana, ecc. utilizzando acetone. Con questo metodo, gli indumenti un po'pesanti ed ingombranti come jeans, magliette, pantaloni invernali, giacche, ecc., vengono imbevuti di cocaina o eroina liquida per poi lasciarli asciugare.

Le particelle di farmaco aderiscono al tessuto, facendolo apparire ruvido e rigido. Successivamente lo stesso processo di estrazione con acetone viene utilizzato per separare la cocaina e l'eroina dagli indumenti precedentemente trattati con la sostanza stupefacente.

Un metodo particolarmente creativo prevede la miscelazione di cocaina o eroina nella fabbricazione di merci a base di plastica. Oggetti come tubi in PVC, servizi igienici, lavandini, mobili, utensili, articoli per la casa e ornamenti vengono costruiti utilizzando una miscela di plastica e cocaina o eroina.

Spesso sono state sequestrate dalle forze dell'ordine statunitensi ed europee, carichi di banane con centinaia di chilogrammi di cocaina al loro interno, o quantità enormi di cocaina stipate all'interno di banane artificiali costruite in fibra di vetro, dipinte a mano con una tale nitidezza che è quasi impossibile distinguerli ad occhio nudo dalle banane vere.

Sempre più spesso la cocaina viene spedita in container in cui interno vengono trasportati tessuti, legname, materiali da costruzione, dispositivi elettronici, macchinari, ceramiche, mobili, plastica, piante, frutta, verdura, carne, fiori, pesce surgelato, caffè e quant'altro, soprattutto mescolandola in prodotti il cui profumo e consistenza aiuta a mascherarla, come limoni, caffè, olive e banane ma, anche tra barili di prodotti chimici, agrochimici, idrocarburi, all'interno di macchinari. Rendere inodore il carico di droga rende difficile individuarlo da parte delle unità cinofile delle forze dell'ordine.

Spesso la cocaina viene trasportata mischiandola con carichi alla rinfusa di riso, mais, sementi e fertilizzanti (successivamente la droga viene separata mediante trattamento chimico).

Esempio, da Guayaquil, il porto più importante dell'Ecuador, sono spesso partite navi portarinfuse con cocaina mista a peperoncino macinato per Casablanca e Tangeri, in Marocco.

L'utilizzo di navi bulk carrier viene molto utilizzato dai cartelli della droga in quanto le autorità preposte sono spesso riluttanti a controllare un carico che viaggia alla rinfusa rispetto a uno imballato poiché, per farlo devono far scaricare dalla nave l'intero carico, operazione che richiede non solo infrastrutture portuali particolari, ma tempo e un numero maggiore di risorse umane.

Inoltre anche dal punto di vista economico l'operazione potrebbe avere dei costi molto alti. Nel caso che una autorità dovesse fermare una nave per controllarne il carico, in caso di esito negativo, dovrà pagare, oltre ai costi per la logistica, tasse elevate e persino affrontare cause legali da parte dell'armatore e dei proprietari del carico.

Tali difficoltà operative nel controllo del carico trasportato da navi porta rinfusa colludono a favore del trafficante. Altro modo usato è imbarcare il carico insieme a merci il cui controllo risulterebbe complicato o addirittura rischioso, come rifiuti radioattivi, rifiuti pericolosi e rottami metallici contaminati, in quanto l'ispezione richiede implementazione di una operazione speciale da parte delle autorità preposte, l'uso di macchinari specializzati, molto spazio di manovra e soprattutto una cosa molto importante.....il tempo.

Nel traffico marittimo il famoso detto " il tempo è denaro" è l'elemento primario su cui si poggia tutta l'attività commerciale.

5. CONTRABBANDO DI DROGA UTILIZZANDO CONTAINER

Tra i vari metodi utilizzati dai narcotrafficanti per trasportare droga il più importanze è senza ombra di dubbio il trasporto tramite l'utilizzo di container, grandi "scatole" di metallo utilizzate per il trasporto marittimo, fluviale e terrestre. I container marittimi sono uno dei pilastri del commercio internazionale e, di conseguenza, dell'economia mondiale. Negli ultimi anni, questa modalità ha acquisito particolare rilevanza ed è diventata l'attore principale in cui vengono trasportate grosse quantità di sostanze illecite.

Compartimenti interni appositamente fabbricati, modifiche della struttura dei container ed altri accorgimenti sono utilizzati dai trafficanti per nascondere la droga. Uno degli accorgimenti che va per la maggiore è lo svuotamento dell'isolamento termico delle pareti, del pavimento e del tetto dei container "frigoriferi". Dopo di che negli spazi vuoti viene inserita la sostanza stupefacente.

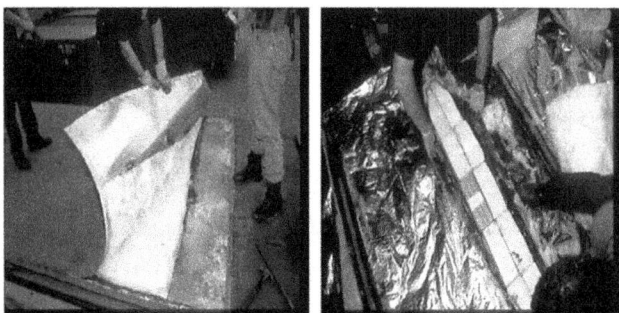

Cocaina nascosta nella parte superiore di un container sequestrate in un posto statunitense (Fonte: Guardia Costiera USA).

Questo tipo di container è stato progettato per il trasporto di merci refrigerate, motivo per cui ha un sistema di raffreddamento che funziona con un motore indipendente, alloggiato nella parte anteriore del container, per cui la droga viene nascosta anche intorno al gruppo frigorifero e nel canale dell'aria del container stesso. A causa delle caratteristiche costruttive, questo tipo di container si presta molto all'occultamento della droga.

Per nascondere alte quantità di droga vengono riempite anche quelle parti di un container che sono vuote già in fase di fabbricazione, vale a dire le barre di bloccaggio superiori ed inferiori del container, Il meccanismo di sblocco e di apertura delle porte. Preparato con cura da riparatori professionisti di container, questo metodo di contrabbando è molto difficile da rilevare visivamente. Con queste modifiche e, sfruttando gli spazi vuoti, i trafficanti riescono a nascondere, all'interno di un container frigorifero grandi quantità di droga, indipendentemente che essa sia cocaina, eroina, marijuana, fino a 500 chili o a volte anche quantità maggiori.

Altra modifica usata dai narcos per nascondere il prodotto à quella di costruire false pareti all'interno del container. E'un metodo intelligente che però, se si vuole che il trasporto abbia successo, la modifica del container richiede una grande attenzione ai dettagli.

La falsa parete non può essere troppo profonda, e deve sembrare di avere la stessa età di costruzione del resto del contenitore altrimenti sarà facilmente individuato.

Una parete ben progettata è quella che utilizza solo 30 centimetri o meno di spazio sufficiente per nascondere 500 chili di cocaina.

Altro sistema utilizzato negli ultimi 20 anni è quella di nascondere la droga nei pneumatici dei rimorchi cargo su cui il container viene trasportato.

Questo avviene soprattutto su navi del tipo ro-ro, in cui vengono imbarcati automezzi, rimorchi e qualsiasi mezzo che abbia delle ruote.

Parti del pneumatico sono rimosse o modificate per inserire la droga. All'interno di pneumatici sono stati scoperti grosse quantità di eroina, cocaina e marijuana.

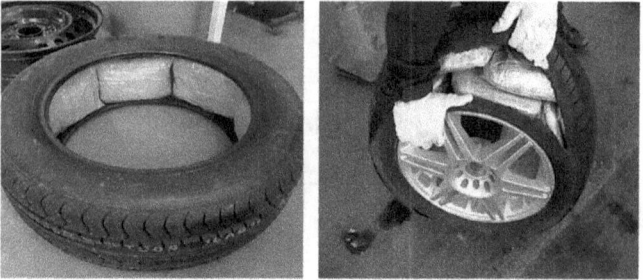

Cocaina nascosta all'interno di pneumatici sequestrata nel porto di Gioia Tauro (Fonte: Guardia di Finanza Italiana).

Ormai Il traffico di container, è diventato il metodo preferito per spostare la droga in zone molto lontane dal Sud America, soprattutto verso l'Europa. Tale metodo è agevolato da un fattore di mercato molto importante, vale a dire una pressione esercitata sui porti per spostare rapidamente grandi quantità di merci nel più breve tempo possibile.

Conseguenza di tale pressione fa si che solo un container su dieci in tutto il mondo viene controllato dalle Autorità competenti.

6. CONTRABBANDO DI DROGA UTILIZZANDO STRUTTURA DI UNA NAVE TRAMITE EQUIPAGGIO

Il contrabbando di droga tramite navi commerciali, o tramite il suo equipaggio o tramite corrieri della droga rappresentano una sfida speciale per le forze preposte al contrasto di tale attività criminale. All'interno di una nave ci sono una moltitudine di posti per nascondere la droga. A bordo di una nave, soprattutto di medio/grandi dimensioni, la cocaina può essere nascosta in una miriade di posti da chiunque sia autorizzato a salire a bordo o dai membri dell'equipaggio.

Gli interni delle stive, pozzi di ventilazione, gavoni, doppi fondi, casse di zavorra, cale, sala macchine, alloggi, ripostigli vari, scialuppe di salvataggio, spazi vuoti, ecc., forniscono un numero quasi infinito di luoghi dove nascondere della droga, anche grosse quantità.

Salvatore Pittorru durante alcune fasi di ispezione a bordo di navi mercantili alla ricerca di materiale trasportato illegalmente.

Nella foto a in alto sinistra mentre ispeziona il condotto dell'area condizionata all'interno di una cabina equipaggio; in alto a destra invece mentre ispeziona una lancia di salvataggio.

Nelle due foto in basso, invece, vediamo Pittorru durante alcune fasi di ispezione delle casse di zavorra a bordo di navi mercantili

(Fonte: Archivio Personale Salvatore Pittorru).

Altro metodo usato per il trasporto di sostanze stupefacenti è l'utilizzo di serbatoi posti sulla carena delle navi. La progettazione, lo sviluppo e l'utilizzo di queste appendici pieni di droga sono nati in Colombia e la tecnica si è poi diffusa in tutto il mondo. Questo metodo di contrabbando richiede l'uso di subacquei per attaccare e rimuovere il serbatoio mentre la nave è ormeggiata in porto o quando è alla fonda.

Serbatoio contenente cocaina trovato a Puerto Barrios, Guatemala, dal reparto subacqueo delle forze dell'ordine (Fonte: Polizia del Guatemala).

Il serbatoio sommerso era saldato sulla carena di una nave mercantile. Nelle foto si possono notare le appendici che lo tenevano unito alla nave (Fonte: Polizia del Guatemala).

7. CONTRABBANDO DI DROGA UTILIZZANDO IMBARCAZIONI VELOCI

Nello sviluppo storico delle modalità del narcotraffico marittimo, i motoscafi sono stati quelli che hanno avuto nel tempo il maggiore utilizzo. Si hanno testimonianze dell'uso di questo tipo di imbarcazione sin dagli '80 del secolo scorso, quando con l'apparizione di una barca denominata "Go Fast" il cartello di Medellin introdusse diversi modi di trasporto lungo le rotte marittime caraibiche.

Le "Go Fast" sono imbarcazioni molto veloci che, negli anni hanno subito un'evoluzione continua consentendo una modernizzazione del narcotraffico marittimo in epoca contemporanea.

Questo tipo di imbarcazioni sono diventate uno dei mezzi più popolari e ricorrenti usate dai narcotrafficanti per trasportare i loro carichi di droga.

Molte caratteristiche delle barche "Go Fast" sono state migliorate nel tempo. Sempre alla ricerca di un miglioramento delle prestazioni con l'obiettivo di offrire maggiori vantaggi a narcotrafficanti, la loro progettazione e costruzione è in continua evoluzione. Gli scafi attualmente utilizzati, costruiti in generalmente in fibra di vetro, sono realizzati con resine epossidiche che ne ha migliorato la resistenza, soprattutto considerando lo stress a cui vengono sottoposti quando navigano ad alte velocità. Esse sono imbarcazioni costruite in maniera da essere isolanti dall'energia acustica ed elettrica e, in alcuni casi, sono in grado di ridurre al minimo la firma termica dei motori e di assorbire una grande quantità di onde radar, rendendone difficile il rilevamento.

Le Go Fast Boats hanno caratteristiche diverse da regione a regione ma in generale mantengono caratteristiche basiche. Generalmente sono costruite presso cantieri navali ma, speso anche artigianalmente. Hanno una lunghezza fuoritutto tra i 12 e i 14 metri. Nella maggior parte dei casi non possiedono una identità riconosciuta, non avendo un nome, un numero di registrazione e una bandiera. Gli scafi sono generalmente pitturati con colori scuri, solitamente blu, verde, grigio scuro o nero, in maniera da potersi mimetizzare con l'ambiente in cui operano. Queste imbarcazioni utilizzano due o più motori, ognuno dei quali ha una potenza superiore ai 200 HP, i quali permettono di navigare, a secondo delle loro caratteristiche e delle condizioni meteomarine, a velocità comprese tra 35 e 50 nodi, con una autonomia che oscilla tra le 500 e le 600 miglia nautiche.

Il modus operandi di questo tipo di mezzi navali varia a secondo della area operativa ma, gli scenari hanno caratteristiche simili, indipendentemente dal luogo in cui operano, vale a dire distanze relativamente brevi che possono essere coperte ad alta velocità senza la necessità di doversi fermare per effettuare rifornimento e, un equipaggio generalmente composto da tre o quattro membri. Hanno una capacità di carico che varia tra le tre e le cinque tonnellate ma, sono state sequestrate anche imbarcazioni veloci con a bordo dieci tonnellate di cocaina.

8. CONTRABBANDO DI DROGA UTILIZZANDO SOMMERGIBILI O SEMI SOMMERGIBILI

Da anni organizzazioni latino americane dedite al traffico di droga, stanno utilizzando sommergibili o semi sommergibili per il trasporto della sostanza. Questo tipologia di unità navali, denominate "Narcosubmarine", sono una alternativa alle "Go fast Boat". Negli ultimi anni i narco sommergibili hanno assunto un ruolo molto importante all'interno del traffico di narcotici, grazie soprattutto allo sviluppo di tecnologie di costruzione sempre più sofisticate che li ha fatti diventare dei mezzi molto affidabili. In più, rispetto alle imbarcazione del tipo fast go, possono trasportare carichi maggiori di droga con allo stesso tempo, minori rischi di essere intercettati. L'utilizzo dei sommergibili da parte delle organizzazioni criminali colombiane per il trasporto di droghe illegali è iniziato nel 1993, in risposta all'aumento delle operazioni di sicurezza marittima e ai sequestri di droga effettuati sui principali mezzi utilizzati per il contrabbando. All'inizio erano semplici scafi semi-sommersi rimorchiati da delle navi, con la peculiarità di potersi staccarsi se intercettati dalle autorità, ma con il tempo si sono evoluti notevolmente.

Nel 2000 venne sviluppato dai narcos un siluro denominato narco siluro, dispositivi che avevano la capacità di caricare all'interno una grande quantità di droghe illecite (circa cinque tonnellate). Alcuni di questi siluri avevano un sistema di zavorra per raggiungere una profondità fino a 30 metri, essendo trainati da un cavo d'acciaio lungo circa 200 metri. In caso di intercettazione da parte di una unità navale militare preposta al contrasto del narcotraffico, il rimorchiatore sganciava il cavo per farlo andare alla deriva, attaccando a quest'ultimo una boa radio per consentirne successivamente il recupero. Ormai questo sistema è caduto quasi in disuso ma, ancora qualche volta viene utilizzato.

Al giorno d'oggi la fanno da padrone sommergibili di piccole/medie dimensioni autosufficienti, che non necessitano di alcun mezzo esterno per essere trainati. Tutto deriva dal forte contrasto condotto negli ulti anni dalle varie Marine Militari appartenenti a vari stati che si affacciano sul Mar dei Caraibi che, in collaborazione con la DEA Statunitense, hanno costretto le Organizzazioni dedite al traffico illecito di stupefacenti, a modificare le loro attività criminali e, nello stesso tempo, le modalità del traffico marittimo di droga. Una soluzione quindi è stata è la progettazione e costruzione da parte dei Cartelli, di sommergibili SPFS (Self Propelled Fully Sumersible Vessel), semi-sommergibili SPSS (Self Propelled Semi-Submersible Vessel) e LPV (Low Profile Vessel), impiegati per il trasporto illegale di cocaina dai paesi sudamericani ai vari mercati di transito, raccolta e consumo.

Per i narcos, l'utilizzo dei sommergibili, è molto redditizio, in quanto possono caricare diverse tonnellate di droga con un valore di mercato che può raggiungere 10 milioni di dollari. Nel 2012, al largo della costa hondureña sono stati intercettati due sommergibili con a bordo 14.000 chili di cocaina.

Negli ultimi trenta anni, a causa dell'aumento dei sequestri di questa tipologia di mezzi navali, che rispetto ad altre forme di traffico marittimo di droga, richiedono maggiori investimenti economici, necessitano di tempi maggiori nelle spedizioni con un incremento del aumentano per i loro equipaggi le organizzazioni criminali hanno cercato di perfezionare e migliorare la progettazione, la costruzione, la propulsione e l'uso di sommergibili e semi-sommergibili, creando, come accennato in precedenza, diverse tipologie:

- Classe LPV (nave basso profilo)
- Classe SPSS (Semi-sommergibili)
- SPFS (sommergibili).

IMBARCAZIONE CLASSE LPV (LOW PROFILE VESSEL)

Questo tipo di imbarcazione denominato Low Profile Vessel (nave a basso profilo), è un mezzo costruito in vetro resina o in legno, per navigare con un profilo semi sommerso poco rilevabile ed in grado di trasportare, a secondo della grandezza del LPV, una media di narco prodotto che oscilla tra le due e le otto tonnellate.

Hanno un bordo libero molto basso che oscilla tra i 10 ed i 20 centimetri sul livello del mare, in maniera tale da non poter essere rilevati dai radar ma, anche non essere rilevati visibilmente, sono molto difficili da rilevare, soprattutto con condizioni meteo-marine avverse.

Sono mezzi con un design particolare, con scafi stretti ed affilati, caratteristiche che sommate al ridotto bordo libero, fanno si che venga garantita una facilità di manovra e, grazie ad un sistema di propulsione costituito da due o più motori fuoribordo, fa si che possano raggiungere velocità elevate.

L'equipaggio generalmente è costituito da tre o quattro persone. Il numero dipende dalla lunghezza del mezzo.

Fonte: Centro de Investigación y Análsis Contra el Narcotráfico Marítimo.

SEMI-SOMMERGIBILI SPSS (SELF PROPELLED SEMI-SUBMERSIBLE VESSEL)

Questo particolare tipo mezzo navale è una imbarcazione, semi sommergibile costruita o adattata per essere in grado di navigare con la maggior parte dello scafo sotto la superficie dell'acqua.

Questi semi sommergibili sono progettati specificamente con una costruzione in legno e fibra di vetro a bassa impronta per eludere il rilevamento, rendendole così difficili da identificare elettro magneticamente .

La struttura di un SPSS è appositamente sagomata per ridurre al minimo la scia della nave, mentre i tubi di scarico sono progettati per ridurre al minimo la sua firma termica. Navigano completamente sotto il livello del mare con solo un 30/50 centimetri di scafo emerso riducendo la probabilità di un rilevamento visivo.

In media, gli SPSS hanno una lunghezza compresa tra i 12 ed i 24 metri, e sono in grado di trasportare carichi fino a 12 tonnellate. Possono viaggiare a una velocità di 12/13 nodi e percorrere una distanza di 2.500/3000 miglia nautiche senza dover fare rifornimento.

È importante sottolineare che non esiste un unico progetto o tipo di SPSS perché sono costruiti da più gruppi in luoghi diversi e subiscono continue modifiche progettuali.

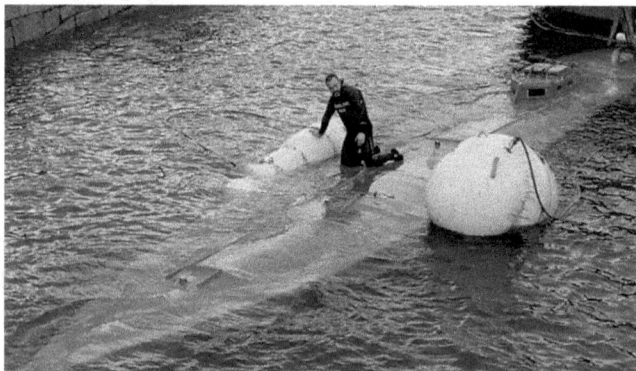

SPSS sequestrato in Spagna (Fonte: Guardia Civil Española).

SOMMERGIBILI SPFS (SELF PROPELLED FULLY SUMERSIBLE VESSEL)

Questa classe di unità navale, costruita seguendo le linee guida dei sommergibili militari, è un riflesso delle capacità di sviluppo tecnologico che i le organizzazioni criminali hanno cercato di implementare per raggiungere i loro obiettivi criminali.

Tra i vari fattori che hanno indirizzato i narcos a costruire questa tipologia di mezzi navali, i principali sicuramente sono:

1. Aumentare la difficoltà di individuazione da parte delle autorità preposte al contrasto del traffico illecito di droga, sfruttando le capacità di occultamento, grazie alla capacità di immersione.

2. Aumentare le quantità del carico traportato, grazie a una maggiore capacità di stivaggio delle sostanze illecite.

3. Ampliare la portata delle rotte per consentire la creazioni di nuovi punti di consegna.

Il design e la struttura di questi sommergibili mostrano profonde conoscenze in ingegneria navale ed un alto livello tecnologico. A bordo si trovano sistemi di propulsione interni silenziosi, generatori di corrente, sistemi di zavorra, impianti per la purificazione dell'aria durante la navigazione in immersione, e sistemi di navigazione e comunicazione molto avanzati, in alcuni casi con capacità periscopica e sistemi optronici. In un sommergibile sequestrato in Colombia nel 2020, è stato scoperto che la sua caratteristica principale era una funzionalità completamente elettrica.

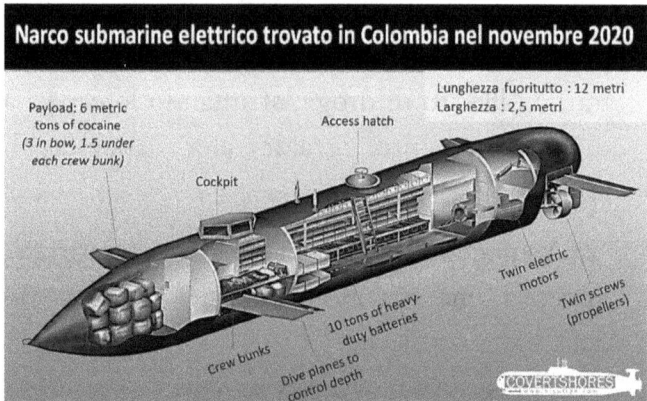

Fonte: Covert Shores.

Generalmente le dimensioni di queste unità oscillano tra i 20 ed i 25 metri di lunghezza fuoritutto, una larghezza di 3,5/ 4 metri. Nel 2011 in Colombia è stato rivenuto un sommergibile di 32 metri di lunghezza e 2,6 metri di larghezza.

*Sommergibile sequestrato in Colombia nel 2011
(Fonte: Armada Nacional de Colombia).*

Generalmente l'equipaggio è composto da quattro persone. Questo tipo di sommergibili hanno una autonomia stimata di circa 3000 miglia nautiche ed una capacità di carico, a secondo delle dimensioni, compresa tra 6 e 8 tonnellate di droga. Nella maggior parte dei casi sono costruiti all'interno della selva della Amazonia Colombiana e, spostati fino al mare sfruttando i numerosi corsi d'acqua che attraversano la regione.

Sommergibile sequestrato in Amazzonia (Fonte: Armada Nacional de Colombia).

MODALITÀ DI TRASPORTO MARITTIMO DELLA COCAINA IN COLOMBIA

• **Tipologia di unità navale:** navi mercantili

• **Caratteristiche unità navale:** Capacità di carico che varia tra le 5 e le 8 tonnellate.

• **Metodologia di trasporto:** la droga viene imbarcata in alto mare da imbarcazioni di piccole dimensioni. Successivamente viene trasportata verso la destinazione dove, in alto mare di fronte alla costa, viene sbarcata su imbarcazioni di piccole e medie dimensioni.

• **Area operativa:** America centrale, Caraibi insulari, Nord America, Europa, Africa occidentale, Sud Est Asiatico.

• **Tipologia di unità navale:** mezzi costieri.

• **Caratteristiche unità navale:** di solito hanno due motori da 40 a 75 CV; un equipaggio di 2 o 4 persone al massimo; una capacità di carico tra 100 e 3000 chili; autonomia varia.

• **Metodologia di trasporto:** di solito vengono utilizzati per trasportare la droga dalle zone di produzione alle zone di esportazione, sia per via fluviale che lungo la costa. Successivamente vengono utilizzate per trasporto verso mezzi navali di dimensioni maggiori che attendono in alto mare.

• **Area operativa:** rete fluviale colombiana, costa caraibica colombiana verso la costa caraibica panamense o alto mare. Costa pacifica colombiana verso costa pacifica panamense o alto mare.

• **Tipologia di unità navale:** Lance Rapide (Fast Boat)

• **Caratteristiche unità navale:** di solito hanno due motori da 200 a 250 CV; equipaggio che va dai 3 ai 5 uomini; una capacità di carico tra le 3 e le 5 tonnellate; autonomia che può variare tra le 500 e le 600 miglia nautiche.

• **Metodologia di trasporto:** trasporto e sbarco della droga direttamente lungo la costa della destinazione finale, o consegna della droga su altri mezzi navali in attesa in alto mare.

• **Area operativa:** dalla costa colombiana verso l'America Centrale o i Caraibi insulari o alto mare.

• **Tipologia di unità navale:** pescherecci.

• **Caratteristiche unità navale:** di solito hanno un motore da 700 CV, un equipaggio compreso tra le 5 e le 15 persone, una capacità di carico che arriva al massimo a 5 tonnellate e un'autonomia che può arrivare fino a 30 giorni di navigazione.

• **Metodologia di trasporto:** generalmente la droga viene imbarcata direttamente in un porto colombiano, successivamente trasportata verso altri mezzi navali in attesa in alto mare o di fronte alla costa del luogo di destinazione finale. A volte la droga viene imbarcata in alto mare per poi essere sbarcata di fronte alla costa del luogo di destinazione finale.

• **Area operativa:** dalla costa colombiana verso l'America Centrale o i Caraibi insulari.

• **Tipologia di unità navale:** siluri rimorchiati.

• **Caratteristiche unità navale:** nessun motore, nessun uomo di equipaggio, capacità di carico che può arrivare a 3 tonnellate e una autonomia che dipende dal mezzo navale da cui il siluro è rimorchiato.

• **Metodologia di trasporto:** normalmente il siluro viene rimorchiato da un peschereccio o da un altro mezzo navale lento, per essere consegnato ad un altro peschereccio o mezzo navale lento che lo rimorchia verso la costa della destinazione finale. Sul siluro viene installato un GPS, in modo che possa essere localizzato in caso di abbandono in mare dovuto alla presenza di forze di polizia dedite al contrasto del narcotraffico.

• **Area operativa:** dalla costa colombiana verso l'America Centrale o i Caraibi insulari o alto mare.

• **Tipologia di unità navale:** droni navali.

• **Caratteristiche unità navale:** motore elettrico, nessun uomo a bordo, capacità che varia tra i 200 e i 1.000 chili, autonomia variabile.

• **Metodologia di trasporto:** mezzo navale semi sommerso guidato in modalità remota da un'altra unità navale distante da esso al massimo due miglia nautiche. Una volta arrivati nelle acque antistanti il luogo di destinazione finale il mezzo viene consegnato ad un'altra imbarcazione che lo trasporta fino alla costa.

• **Area operativa**: dalla costa colombiana verso l'America Centrale.

• **Tipologia di unità navale**: semi sommergibili (SPFS, SPSS, LPV)

• **Caratteristiche unità navale**: un motore da 350 CV o elettrico, equipaggio composto da 3 o 4 persone, capacità di carico che arriva a 10 tonnellate, autonomia che varia tra le 1.000 e le 1.500 miglia nautiche.

• **Metodologia di trasporto**: il semi sommergibile parte direttamente dalla costa e sbarca la droga su altri mezzi navali in attesa in alto mare o su imbarcazioni in attesa nelle acque antistanti il luogo di destinazione finale.

• **Area operativa:** dalla costa colombiana verso l'America Centrale o Caraibi insulari o alto mare.

• **Tipologia di unità navale:** sommergibili.

• **Caratteristiche unità navale**: uno o due motori elettrici, equipaggio di 4 o 5 persone, capacità di carico che può arrivare fino a 10 tonnellate, autonomia fino a 3.000 miglia nautiche.

• **Metodologia di trasporto**: il sommergibile parte direttamente dalla costa e sbarca la droga su altri mezzi navali in attesa in alto mare o su imbarcazioni in attesa nelle acque antistanti il luogo di destinazione finale.

• **Area operativa:** dalla costa colombiana verso l'America Centrale o i Caraibi insulari o alto mare.

CAPITOLO 3

LE ROTTE DEL NARCOTRAFFICO

1. GENERALITÀ

L'area caraibica è da decenni il fulcro in cui ruota il narcotraffico proveniente dal Sud America, sia verso il Nord del continente, sia verso l'Europa. L'International Narcotics Control Strategy Report redatto nel 2017 dallo State Department's Bureau of International Narcotics and Law Enforcement Affairs, ente governativo statunitense, identifica due principali categorie che si muovono all'interno del business della droga:

1. principali produttori

2. principali paesi di transito.

Il report indica i paesi connessi, che in una maniera o nell'altra, sono collusi con il narcotraffico, dai produttori, Bolivia, Colombia e Peru ai distributori, a partire dalla Colombia stessa alle Bahamas, Belize, Bolivia, Costa Rica, El Salvador, Giamaica, Guatemala, Haiti, Honduras, Messico, Nicaragua, Panama, Portorico, Repubblica Dominicana, Venezuela.

Inoltre, gli attori protagonisti nel traffico illegale di cocaina nell'America centrale, e nell'area caraibica insulare si possono dividere in ulteriori due categorie:

1. Amministratori

2. Trasportatori

Alla prima categoria appartengono ormai da tempo i cartelli criminali messicani i quali gestiscono il traffico della droga spedita dai cartelli criminali dei tre paesi produttori, Colombia, Bolivia e Perù.

Alla seconda categoria, denominata "trasportatori", appartengono gli addetti al trasporto della materia prima, dal Sud America al destinatario. Tali attori possiedono una profonda conoscenza del territorio, sia terrestre che marittimo e, soprattutto, hanno i contatti necessari in ambienti governativi e militari corrotti, contatti di fondamentale aiuto nelle operazioni di trasporto terrestri e marittime lungo le rotte caraibiche. Nella maggior parte dei casi l'inizio della esportazione di cocaina dal Sud America verso il Nord avviene dalle coste colombiane, inizialmente via mare, successivamente seguendo percorsi terrestri che attraversano il Centro America sull'asse Sud - Nord fino a raggiungere il Messico, in cui il prodotto viene consegnato ai potenti cartelli messicani o, verso alcuni stati insulari caraibi i quali successivamente inviano il prodotto in Florida o in Europa.

A tal proposito, a detta del principale procuratore antidroga di Panama, la signora Marta Barrios, grosse quantità di cocaina dirette verso l'Europa, sono in costante aumento, nascosti nei container delle navi dirette in Spagna, Francia, Croazia, Paesi Bassi, Italia e Belgio che partono soprattutto dai porti di paesi insulari caraibici.

Il cammino via terra si sviluppa in aree geografiche considerate dal punto geografico, tra le più impervie del pianeta, le quali costringono i trafficanti a muoversi con il loro carichi di droga attraverso giungle, paludi, fiumi e sentieri di montagna, spesso perché costretti dalla morfologia delle zone ma anche per evitare le forze dell'ordine locali e i reparti militari che perennemente pattugliano il territorio con il compito di interdire questo traffico illegale.

Tutto queste difficoltà però non impediscono che grandi quantità di cocaina passino ogni anno per il Centroamerica.

Lungo i vari percorsi della droga che attraversano il Centro America spesso i cartelli criminali utilizzano delle rotte miste, composti da percorsi via terra intervallati da percorsi via mare o via aerea, coinvolgendo nelle operazioni di trasporto moltissimi attori locali presenti sui territori interessati dal traffico della droga, i quali offrendo la loro preziosa collaborazione costituiscono un notevole aiuto a questa attività illegale.

Via mare invece, i narcotrafficanti navigano in aree remote lungo zone costiere in cui l'unica presenza è costituita da piccoli villaggi in cui abitanti, in grande maggioranza pescatori, spesso aiutano i narcos durante il loro traffico illegale fornendo loro assistenza logistica.

In alternativa, in maniera da evitare qualsiasi rilevamento ed intercettazione da parte delle forze dell'ordine, il traffico avviene lungo rotte marittime in mare aperto, utilizzando soprattutto navi mercantili o sommergibili.

Il traffico di droga nel Mar dei Caraibi è molto legato al suo carattere di confine e marittimo, in quanto sfrutta il circuito legale già esistente delle rotte commerciali, il quale permette di spostare grandi quantità di droga con un notevole abbassamento dei costi. Inoltre, utilizzando rotte commerciali legali, si hanno meno controlli da parte delle autorità marittime dei vari stati nazionali .

2. LE ROTTE DEL NARCOTRAFFICO: AMERICA CENTRALE.

Una delle aree più coinvolte dal narcotraffico è la regione continentale centroamericana, la quale a causa di questa sua posizione, sin dagli anni '70 del secolo scorso, costituisce dal punto di vista geografico un ponte che collega il Sud America, luogo dove avviene la produzione della cocaina e soprattutto il Nord America, luogo dove avviene gran parte del consumo di tale prodotto.

I paesi centroamericani sono ormai diventati un tassello fondamentale del narcotraffico nel continente americano essendo i principali fornitori di cocaina negli Stati Uniti e, negli ultimi anni, anche in Europa.

PANAMA

Panama è il paese più meridionale dell'istmo centroamericano, situata nell'estremo sud-est dell'America Centrale, tra Costa Rica, Colombia, Mar dei Caraibi e Oceano Pacifico, con un territorio di 75.517 chilometri quadrati. Per la sua posizione geografica Panama è da sempre un punto di transito per le attività commerciali in tutto il mondo, grazie soprattutto al suo canale, passaggio marittimo da cui transita il traffico mercantile proveniente dall'Oceano Pacifico all'Oceano Atlantico e viceversa. Inoltre, sempre grazie alla sua posizione, è un punto di collegamento tra Sud America, Centro e Nord America. Questa sua caratteristica nel tempo ha reso Panama un elemento chiave riguardo il commercio illecito in generale, in cui il traffico di cocaina si è ritagliato una fetta importante, facendo assumere al paese centroamericano un ruolo importante all'interno del sistema criminale, elevandolo a fondamentale tappa nel lungo viaggio della droga che dalla Colombia si muove verso i mercati Nord Americani ed Europei.

La rotta caraibica del narcotraffico che partendo dalle coste colombiane, attraversano Panama, è diventata molto popolare, soprattutto grazie alle "Autodefensas Gaitanistas de Colombia o Urabeños", una delle più grandi e potenti organizzazioni criminali della Colombia, noto soprattutto come "Clan del Golfo", che da tempo ha riaperto alcune rotte caraibiche facendo diventare Panama uno dei punti di transito principali.

In genere, i trafficanti preferiscono partire dalla città colombiana di Turbo, nel Golfo di Urabá, zona più meridionale del Mar dei Caraibi, situato a est della frontiera tra Panama e Colombia. Da questo punto, seguono una rotta verso Panama con direzione Puerto Obaldía da cui, dopo aver navigato lungo la costa della

regione di Guna Yala, raggiungono vari punti situati nella provincia di Colón (Costa Arriba e Costa Abajo), nella Provincia di Veraguas (Golfo de los Mosquitos) o a Bocas del Toro, un arcipelago a nord-ovest di Colón.

Una volta raggiunti i vari punti della costa panamense, essi vengono utilizzati o, come semplici punti di rifornimento di carburante e supporto logistico per i mezzi navali che dovranno successivamente proseguire la loro navigazione verso altri paesi centroamericani o, per sbarcare sul territorio panamense carichi di cocaina i quali verranno dirottati verso i porti panamensi ed imbarcati a bordo di navi mercantili.

La scelta di trasportare droga dalla Colombia a Panama via mare utilizzando imbarcazioni veloci, con base nel Golfo di Urabá, dipende molto dalle caratteristiche geografiche della regione che rendono impossibile il suo attraversamento utilizzando mezzi terrestri.

Infatti è molto difficile trasportare grandi volumi di droga via terra dal Sud America a causa della regione del Darien, un tratto di giungla quasi impraticabile situato tra i due paesi. Per aggirare questa barriera naturale, i trafficanti hanno deciso di intraprendere il breve viaggio fino a Panama via mare.

Il movimento e il transito di grandi quantità di cocaina verso il nord del continente americano attraverso Panama, avviene anche in maniera combinata seguendo un percorso mare / terra.

In questa modalità i motoscafi partono dal Golfo di Urabá fino a raggiungere l'estuario del Rio Indio, ubicato nella area costiera della Provincia di Colón.

Una volta arrivati I carichi di droga vengono trasferiti su piccole imbarcazioni che risalgono il fiume fino a raggiungere La Encatada, località situata nel distretto di Chagres, all'interno del provincia di Colón, in cui la merce viene sbarcata e successivamente portata, a causa della natura impervia della zona, con cavalli o altri animali da soma fino a strade sterrate dove veicoli a quattro ruote motrici la prelevano e la portano in un area in cui il carico riviene trasferito a bordo di veicoli a doppio fondo i quali, tramite l'autostrada interamericana la trasportano verso il confine settentrionale panamense.

Se non disponibili veicoli a doppio fondo, la cocaina viene trasportata mischiandola con carichi di merce legale a bordo di camion o altro tipo di mezzi terrestri.

Ultimamente la provincia settentrionale di Colón, situata all'ingresso atlantico del Canale di Panama, sta assistendo a un incredibile aumento dei sequestri di droga, sollevando tra le forze preposte al contrasto del narcotraffico, interrogativi sul ruolo che sta assumendo il piccolo paese centroamericano nel più ampio commercio di cocaina. Soprattutto il porto di Colón è diventato un punto di ingresso critico per la cocaina in cui le bande criminali locali dedite al traffico della droga, sono diventate abili nell'infiltrarsi nel porto attraverso dipendenti corrotti, in primis guardie di sicurezza e lavoratori portuali.

Per trasportare la cocaina dalla Colombia verso Panama i narcos appartenenti al Cartello del Golfo utilizzano un'ampia gamma di mezzi navali, soprattutto motoscafi veloci denominati "Go fast", semi sommergibili e sommergibili, appositamente costruiti per lo scopo.

All'arrivo a Colon, con l'aiuto di un piccolo gruppo di trafficanti locale, chiamato "Humildad y Pureza" il carico viene spesso immagazzinato in aree non accessibili per poi essere spedito verso il nord, con la collaborazione dei "Bagdad" e dei "Calor-Calor", due sindacati criminali molto potenti, formatisi dall'unione di dozzine di bande di strada panamensi, i quali controllano tutto il traffico di cocaina che attraversa il paese centroamericano.

Oltre al cartello colombiano del Golfo, a Panama operano anche i cartelli messicani. Sono stati identificati almeno tre organizzazioni criminali operanti in loco: il Cartel di Sinaloa, il Cartel de Jalisco Nuova Generación, il Cártel de Juárez.

Tuttavia fonti investigative affermano che più gruppi messicani potrebbero avere rappresentanti nel paese, con lo scopo di garantire, con la propria presenza fisica sul territorio, che la fornitura di cocaina continui a fluire verso nord senza problemi.

Poiché Panama si trova in una posizione geostrategica, con sbocchi oltre sul Mar dei Caraibi anche sul Pacifico, è utile menzionare anche la rotta marittima usata dai narcotrafficanti sul versante due paesi latino americani che affaccia sull'Oceano Pacifico.

Infatti altro percorso utilizzato quello che ha come punto di partenza Juradó, (comune colombiano che si affaccia sull'Oceano Pacifico, situato nel dipartimento di Chocó) con direzione la costa pacifica panamense. Entrate nelle acque territoriali le imbarcazioni cariche di cocaina si dirigono prima verso l'arcipelago di Las Perlas, per poi dirigersi successivamente verso le destinazioni finali situate lungo le coste delle penisola di Azuero, della provincia di Veraguas e le della provincia di Chiriquí.

Una volta sbarcata, la cocaina viene generalmente trasportata direttamente verso il Costarica ma, spesso viene anche trasportata verso il Mar dei Caraibi per essere di nuovo imbarcata a bordo di navi dirette soprattutto verso l'Europa.

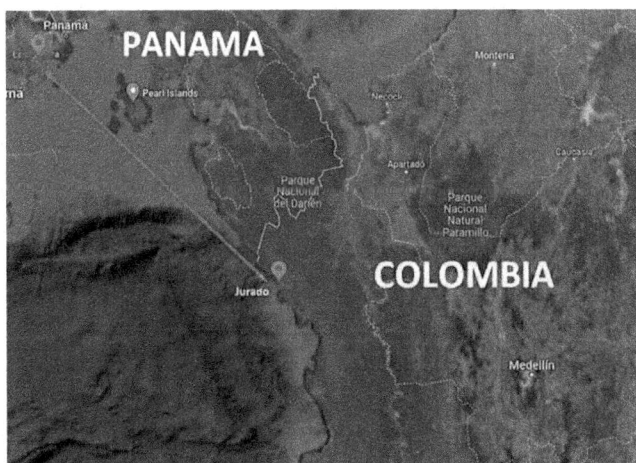

Le autorità panamensi stimano che il 5-10% della cocaina che entra nel paese viene consumato localmente, il resto lascia il territorio dirigendosi verso altre destinazioni. Soprattutto verso il Costa Rica. Questo fa sì che Panama possa essere ancora considerato un semplice punto di transito della cocaina.

Grazie alla capacità acquisite nello spedire droga in Europa da parte delle bande criminali panamensi legate ai cartelli colombiani e messicani e, grazie al debole sistema giudiziario del paese e gli alti livelli di corruzione, alcune organizzazioni criminali europee si sono trasferiti in loco, soprattutto trafficanti di droga spagnoli i quali hanno riaperto una rotta utilizzata negli anni '90 che era stata dismessa, lungo la quale spostano quantità significative di cocaina verso la Spagna e il Portogallo.

COSTARICA

Lasciato Panama, i carichi di cocaina spesso arrivano nel Costa Rica, luogo in cui i cartelli della droga hanno trovato un luogo ideale per i loro traffici. Dopo Panama, il Costa Rica è il secondo

ponte attraverso il quale, obbligatoriamente, passa
la cocaina prodotta da Colombia, Perù e Bolivia.

Situato sull'istmo centroamericano, il Costa
Rica condivide un confine settentrionale di 309
chilometri con il Nicaragua e un confine sud-
orientale di 330 chilometri con Panama.
Nonostante sia uno dei paesi più piccoli della
regione, con poco più di 51.000 chilometri di
foresta pluviale in gran parte aspra, il Costa Rica
sembra aumentare l'attrattiva per i trafficanti di
droga transnazionali, grazie anche agli ampi tratti
di costa non sorvegliata ed ai porti che si
affacciano sul Mar dei Caraibi e sull'Oceano
Pacifico. Tale situazione geografica consente ai
gruppi della criminalità organizzata di utilizzare
rotte di traffico terrestre, aereo e marittimo,
facendo cosi del Costa Rica, un punto di
collegamento e zona di transizione per le
spedizioni di cocaina..

Le spedizioni vengono inviate principalmente
negli Stati Uniti, il più grande consumatore
mondiale e in misura minore in Europa. Oltre ad
essere un trampolino di lancio per le spedizioni di
cocaina che si spostano via terra verso gli Stati
Uniti, il paese funge anche da porto di partenza
per il mercato europeo degli stupefacenti
attraverso la sua rete portuale.

La fitta giungla pluviale, le numerose paludi e la grande di quantità di mangrovie presenti lungo la costa caraibica di cui questo paese è ricco, rendono parecchie aree poco abitate e con poca presenza di forze dell'ordine, creando cosi l'ambiente ideale per costruire magazzini dove depositare la droga.

Il numero di spedizioni di droga dirette verso il Costa Rica è notevolmente aumentato negli ultimi anni. Secondo le Autorità preposte al contrasto di tale fenomeno criminale, l''aumento dell'attività dei cartelli della droga nella area dipende molto dal cosiddetto "effetto palloncino", fenomeno che avviene quando, in altri paesi regionali vi è un aumento della pressione delle forze dell'ordine sui narcotrafficanti, producendo così uno spostamento del traffico di droga dalle aree in cui viene combattuto come in Messico, Colombia, Honduras o Guatemala, ad altre zone dove il contrasto è debole, in questo caso Panama e Costa Rica.

Si stima che Costa Rica insieme al confinante Panama rappresentino circa l'80% del traffico di droga in America Centrale.

Il Costa Rica, per aumentare l'esportazione di prodotti nazionali ha costruito il suo sistema portuale, rivolto soprattutto al traffico mercantile verso Europa. Uno dei maggiori prodotti esportati è la frutta, diventata un carico privilegiato per il contrabbando di droga verso i paesi europei, poiché deve essa deve essere spostata rapidamente per evitare che si deteriori.

Questo facilità i narcotrafficanti nel loro lavoro, in quanto riescono a nascondere grandi quantità di cocaina nei containers utilizzati per lo stivaggio delle merci.

Il porto di Limón, sulla costa atlantica, è l'attuale epicentro del traffico di droga in Costa Rica essendo considerato il principale snodo del traffico di cocaina nel paese ed uno dei più grandi dell'America centrale. A Limón operano le bande criminali locali Diablo e Pechuga che approfittando di una combinazione di povertà, corruzione e controlli limitati sui container imbarcati sulle navi mercantili, hanno creato le condizioni ideali per il movimento di cocaina dentro e fuori dalla struttura portuale.

Di tutti i gruppi criminali locali, il più potente è senza ombra di dubbio sono i Los Moreco (Movimiento Revolucionario del Crimen

Organizado) il quale è riuscito a ritagliarsi all'interno del mondo del narcotraffico, un posto a sé stante, rimanendo indipendente dalle varie reti transnazionali.

Los Moreco controllano importanti rotte del traffico di droga che attraversano le province di Limón e Alajuela e fungono da anello affidabile nella catena del narcotraffico che partendo dalle coste colombiane, arrivano negli Stati Uniti via Messico.

Sebbene i cartelli colombiani sembrino essere i principali responsabili dell'introduzione di cocaina nei porti costaricensi, Autorità preposte al contrasto del narcotraffico hanno documentato l'infiltrazione, a Puerto Limón anche delle varie mafie italiane, 'Ndrangheta in primis, dove la cocaina viene spedita in Europa utilizzando società di esportazione legalmente costituite.

Negli ultimi anni anche alcune potenti organizzazioni messicane, con in testa il Cartello di Sinaloa, mantengono una presenza in Costa Rica, principalmente per facilitare il trasbordo di droga.

Ultimamente i cartelli, approfittando della terra fertile costaricense e della abbondante presenza di acqua, tra piantagioni di mandorli e cedri, hanno cominciato la coltivazione della marijuana avviando un altra lucrosa attività criminale.

NICARAGUA

Dopo Panama e Costa Rica, altro punto di rifornimento e transito della droga è il Nicaragua. Sebbene le autorità nicaraguensi hanno sempre minimizzato l'importanza che il paese ha assunto nel meccanismo che regola il traffico di cocaina in centro America, i sequestri multipli che si sono verificati a partire dal 2020, hanno rivelato un flusso attivo di cocaina anche attraverso il suolo nicaraguense.

Da tempo questo paese centroamericano si è posizionato come un vettore importante nell'economia della droga, diventando un tassello importante nella narco rotta che garantisce la filiera, l'intermediazione e la commercializzazione del prodotto.

La povertà economica in cui versa il Nicaragua, la limitata capacità delle istituzioni di combattere questo traffico illegale e, garantire la sicurezza delle frontiere, hanno creato condizioni favorevoli per effettuare operazioni sul territorio da parte delle organizzazioni dedite al narco traffico. Inoltre la grande frammentazione territoriale del paese fa sì che in nella regione è molto comune trovare più luoghi disabitati con poco controllo territoriale e marittimo, fattore che ha ampliato il margine di possibilità di successo per i narcotrafficanti.

Altro elemento importante che aiuta l'illegalità nel paese, sono le sue caratteristiche idrologiche, caratteristiche che hanno reso il territorio poco percorribile, in cui si sono venute a creare zone molto remote che, a causa di una vegetazione molto folta, sono molto impervie, rendendo impraticabile qualsiasi viaggio via terra e quindi, di conseguenza, il trasporto di cocaina utilizzando mezzi terrestri da parte dei narcos ma, nello stesso tempo ciò rende difficile alle forze di polizia di intervenire per contrastare tale attività illegale.

Per superare questa difficoltà, i cartelli della droga hanno costruito piccole piste di atterraggio per aerei adibiti al trasporto della droga, facilitando così le operazioni di trasporto. Consistenti quantitativi di cocaina vengono trasportati per via aerea, utilizzando queste piste di atterraggio dislocate soprattutto nella parte atlantica settentrionale del paese.

Comunque in Nicaragua, la maggior parte del traffico di droga non avviene per via aerea ma per via marittima, lungo la costa caraibica conosciuta come "Costa de Mosquito", utilizzando come basi logistiche le isole di Cayos Miskitos, del Maiz ed i porti di Bluefields e Puerto Cabezas. Questo grazie all'aiuto fondamentale delle comunità costiere locali, le quali forniscono ai trafficanti supporto logistico, essendo questa attività illegale una delle poche fonti di reddito disponibile per questa parte di popolazione costituita da gente molto povera. In questa rete commerciale nicaraguense del narcotraffico, centro nevralgico è il comune di Bluefields che, come accennato in precedenza è situato sulla costa caraibica. È il capoluogo della regione del Raas, situata nella parte sud-orientale del paese. Questa regione si estende dal Río Grande de Matagalpa a nord, il fiume indiano a sud e dalla costa caraibica a est fino ai dipartimenti di Boaco, Chontales e Río San Juan a ovest. L'attività criminale di Bluefields è monopolizzata da reti di narcotrafficanti locali che hanno instaurato forti legami con i cartelli colombiani e messicani diventando un anello fondamentale nella catena del narcotraffico che unisce, lungo l'asse centroamericano, la Colombia ed il Messico con il mercato Nord Americano.

Come in altri stati della America Centrale, anche in Nicaragua è stata rilevata la presenza di cartelli criminali stranieri, soprattutto però per controllare le operazioni di trasbordo dei carichi, senza aver però stabilito una base permanente. Solo il Cartello messicano di Sinaloa sembra che abbia creato un punto d'appoggio fisso in loco.

Continuando l'analisi sul traffico di cocaina lungo la costa nicaraguense, c'è da considerare un fattore importante, vale a dire la vicinanza alla costa del paese centroamericano, alle isole colombiane dell'Arcipelago di San Andrés, distante da essa solo 68 miglia nautiche, le quali, come descritto più avanti, sono punti nevralgici nel trasporto di cocaina dalla Colombia lungo le rotte marittime caraibiche.

EL SALVADOR

Anche se El Salvador, non si affaccia sul Mar dei Caraibi e, a causa delle sue piccole dimensioni territoriali non è considerato un punto importante riguardo il traffico di droga, potenzialmente potrebbe un domani diventare una nuova maglia nella catena che lega il narcotraffico nella regione, questo a causa dell'effetto palloncino" già menzionato precedentemente. A oggi il suo ruolo si limita quello di essere un punto di ricezione e stoccaggio di droga lungo la costa del Pacifico, soprattutto nel Golfo di Fonseca, ampia insenatura nella costa occidentale dell'America Centrale in cui si affacciano a nord El Salvador, a est l'Honduras e a sud il Nicaragua.

Le autorità salvadoregne affermano che nel loro Paese transita pochissima cocaina proprio a causa della mancanza di una costa caraibica e dei pochissimi vantaggi che offre rispetto ad altri paesi centro americani . Almeno fino ad adesso. Infatti i sequestri di cocaina nel paese sono in genere tra i più bassi nella regione centroamericana.

El Salvador, rispetto alle sue dimensioni geografiche è il paese più densamente popolato del Centro America, per cui, a differenza di altre entità regionali, il suo territorio non presenta zone disabitate o poco abitate, riducendo quindi la possibilità a narcotrafficanti di utilizzare eventuali piste di atterraggio clandestine in aree remote. Attualmente i carichi di cocaina che attraversano il paese sono sotto il controllo della "Mara Salvatrucha", conosciuta anche come MS13 e, della "Barrio 18", ambedue bande di strada nelle cui fila si contano circa 62000 membri affiliati.

La M13 è l'organizzazione criminale la più potente di El Salvador, che, dopo la fine del gruppo narco Los Perrones, è uscita vincitrice dalla guerra di successione che si era scatenata tra le varie anime crimine salvadoregno. Una delle componenti più forti di questa banda, la Hempstead Locos Salvatruchos, è riuscita a imporsi in un corridoio marittimo chiave nel Golfo di Fonseca, dove piccoli pescherecci carichi di cocaina transitano tra Nicaragua e El Salvador.

Le navi scaricano i carichi di cocaina sulle spiagge di La Unión, un dipartimento nell'estremo est di El Salvador, successivamente i trafficanti spostano i narcotici lungo le rotte terrestri che attraversano El Salvador da est a ovest per poi esportali verso l'Honduras attraverso il valico di terra di El Amatillo.

L'altro gruppo criminale è la Barrio 18", è una delle più grandi e vecchie bande giovanili dell'emisfero occidentale, essendo stata fondata più di settanta anni fa. Come il suo storico rivale Mara Salvatrucha o MS13, questa banda ha cellule che operano dall'America centrale al Canada con una presenza molto maggiore rispetto alla MS13 negli Stati Uniti. La Barrio 18 è considerata una delle più grandi minacce criminali nella regione, ha interessi in varie attività illegali ma è fortemente involucrata nel narcotraffico, anche grazie ha legami molto stretti instaurati con i cartelli messicani.

Altra banda criminale salvadoregna in forte ascesa, che si sta imponendo con la forza sul mercato, è l'MS-503 o Revolucionarios, frutto di una scissione dall'MS-13.

Queste reti criminali salvadoregne non sono particolarmente legati a particolari organizzazioni di narcotrafficanti ma, i loro servizi sono a disposizione per i cartelli colombiani e messicani come il cartello di Sinaloa. Spesso, operano con l'aiuto di funzionari di frontiera, di polizia e militari corrotti. Inoltre, riguardo l'M13, ed in misura molto minore la Barrio 18, è molto importante mettere in risalto il fatto che ambedue hanno sviluppato rapporti con le grandi organizzazioni di narcotraffico anche per elevare le proprie capacità operative ad una dimensione militare, ricevendo dai cartelli, grazie ai servizi forniti da ex membri delle forze armate centroamericane, armi da guerra e addestramento alla guerriglia.

Conseguenza di tutto questo è stato l'aumento della loro capacità militari, usate spesso per affrontare le forze di sicurezza nazionali.

HONDURAS

L'Honduras, a causa della sua posizione geografica, con una fascia costiera caraibica, da sempre poco sorvegliata, lo ha reso da tempo, come il punto di ingresso ideale per la cocaina diretta verso il Guatemala e successivamente verso il Nord America ed Europa.

I flussi di cocaina in questo paese sono cresciuti significativamente negli anni passati, grazie soprattutto all'incremento del trasporto della droga utilizzando aerei ed imbarcazioni, provenienti dalla Colombia e dal Venezuela, incremento iniziato dopo il colpo di stato militare del 2009.

Dopo tale data, gran parte del traffico aereo proveniente da Colombia e Venezuela verso l'isola di Hispaniola, è stato reindirizzato verso le piste di atterraggio clandestine in Honduras. Si stima che degli 80.000 chili di cocaina che arrivano per via aerea negli Stati Uniti, circa 65.000 provengono dal territorio hondureño.

Le rotte maggiormente utilizzate dai narcotrafficanti sono quella terrestre, al confine con il Nicaragua, quella fluviale attraverso la laguna di Caratasca e, soprattutto, quella marittima dove, in punti prestabiliti, si effettuano trasbordi di cocaina da idrovolanti o motoscafi veloci. Secondo gli ultimi dati trasmessi dalle autorità hondureñe l'80% della droga che attualmente transita in Honduras arriva dal mare e solo il restante 20% via terra ed aria.

Negli ultima anni, le Autorità hondureñe, grazie all'aiuto degli Stati Uniti, sono riuscite ad interdire il trasporto della droga per via aerea, facendo diminuire notevolmente la quantità l'importata utilizzando questo metodo. Molti dei sequestri di cocaina da parte delle forze di polizia hondureñe si sono verificati a La Mosquitia, una regione della giungla sulla remota costa caraibica dell'Honduras, punteggiata da piste di atterraggio clandestine.

Tale area è l'inizio di una rotta terrestre verso ovest che passa lungo la costa atlantica hondureña, e da lì verso il Guatemala e il Messico fino a raggiungere successivamente gli Stati Uniti.

Più di una volta le Autorità hondureñe hanno affermato che il traffico aereo, a partire dal 2015, ha avuto un drastico calo, attribuito soprattutto alle migliorate capacità di interdizione. Infatti negli ultimi anni le forze armate hondureñe hanno smantellato 40 piste di atterraggio, tutte a La Mosquitia ma, nuovi elementi indicano ultimamente, che il narcotraffico via aera è "decollato" di nuovo.

Se la lotta a questa attività criminale da parte di polizia ha ridotto gli arrivi di cocaina per via aerea, essa non ha intaccato il narco traffico marittimo. Infatti grandi quantità di cocaina continuano ad arrivare in Honduras via mare, grazie anche alle nuove strategie dei cartelli criminali, principalmente divise in due modi operativi. Il primo, riguarda l'utilizzo di pescherecci provenienti dal Venezuela con destinazione il Messico, in cui l'Honduras viene utilizzato come tappa intermedia per effettuare rifornimento carburante.

Il secondo metodo operativo è l'utilizzo delle barche "go fast", che come visto in precedenza, sono imbarcazioni difficili da intercettare.

Seguendo questa nuova strategia, i narcotrafficanti hanno creato diverse rotte marittime che hanno origine nella costa caraibica della Colombia e dal Venezuela.

La rotta principale, in cui vengono utilizzate imbarcazioni veloci o sommergibili, parte dal Golfo di Morrosquillo o dal Golfo di Urabá, verso San Andrés e Providencia, isole colombiane che servono soprattutto come base logistica, in quanto vengo utilizzate per rifornimento del carburante necessario per arrivare, dopo una navigazione di sei/otto ore, sulla costa hondureña, precisamente nelle regioni di Patuca, Barra Tabacunta o a Roatan e Guanaja, isole nell'arcipelago delle Isole della Baia (Bay Islands).

Una delle zone più importanti per il traffico di droga in Honduras si trova nel nord est del Paese, precisamente nella regione di La Mosquitia, nel dipartimento di Gracias a Dios.

Qui si trova Puerto Lempira, la città più importante della regione, considerato il principale luogo di scarico delle spedizioni illegali di cocaina.

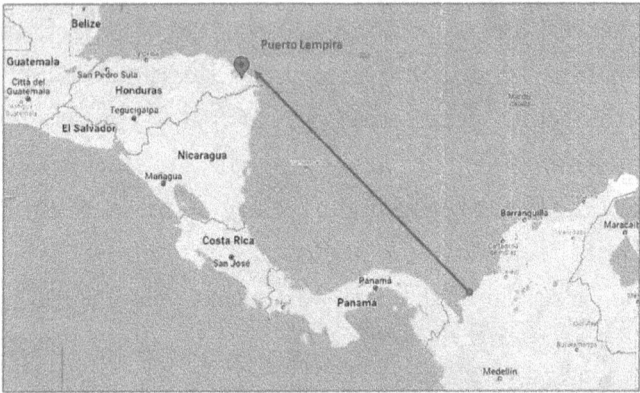

Situata all'estremità orientale dell'Honduras, La Mosquitia e una regione scarsamente popolata che si espande dalla costa caraibica del paese fino all'interno ricco di montagne del paese centroamericano, in cui si trovano fitte foreste tipiche di aree di montagna, paludi e foresta pluviale tropicale. Una quantità significativa della cocaina che entra in Honduras passa attraverso questa l'area, proveniente con imbarcazioni go-fast e piccoli jet dalla Colombia e dal Venezuela .

La Mosquitia, aiutata dal essere una regione isolata molto vasta e difficile da controllare da parte delle Autorità preposte al contrasto del traffico di droga, continua ad essere un'arteria principale per la cocaina diretta verso gli Stati Uniti. Reti hondureñe ben consolidate, come per esempio gli ormai quasi smantellati Cartelli dei Cachiros e Atlantico e il Cartello Montes Bobadilla, uno dei più grandi dell'Honduras ancora operativo, hanno stabilito una presenza a La Mosquitia sviluppando il traffico di cocaina attraverso la regione, aiutati anche dai stretti legami instaurati con le potenti famiglie politiche locali, soprattutto con i Paisano Wood. Per molti anni Roberto Paisano Wood è stato un mediatore politico per Partido Nacional, mentre il fratello Seth Paisano Wood tra il 2014 e il 2018 è stato membro del Congresso con il Partido Liberal.

La loro sorella, Teonela Paisano Wood, è stata sindaco di Brus Laguna per il Partido Nacional dal 2014 al 2022. Anche se non è mai stata formalmente accusata di alcun reato legato alla attività criminale dei suoi due fratelli, ambedue arrestati nel 2019 con l'accusa di riciclaggio di denaro legato al presunto traffico di droga e rilasciati nel 2021, il suo ruolo le ha conferito un enorme potere e un'influenza economica, da cui i narcotrafficanti locali hanno a lungo cooptato a proprio vantaggio. Come sindaco, Teonela Paisano Wood, avrebbe appoggiato i suoi fratelli in tutti gli aspetti municipali, legali e amministrativi. Durante questi anni, il Cartello Atlantico, grazie soprattutto ai suoi legami con i fratelli Paisano Wood e il Partito Nazionale, è stato in grado di espandere le sue operazioni a La Mosquitia.

I principali dirigenti del Partito Nazionale hanno facilitato una vasta rete di traffico di cocaina che gestiva le spedizioni attraverso la regione atlantica dell'Honduras. Tra questi c'erano l'ex presidente Juan Orlando Hernández (2014-2022), estradato negli Stati Uniti all'inizio del 2022 con l'accusa di essere un narcotrafficante e suo fratello, l'ex deputato Juan Antonio Hernández, condannato all'ergastolo nel 2019 per traffico di cocaina, pena che sta scontando in una prigione statunitense.

A La Mosquitia, la narcopolitica è sempre stata un elemento fondamentale. Oltre ai politici, anche ufficiali militari e polizia hanno partecipato attivamente al traffico di droga in tutta la regione, in particolare a Puerto Lempira.

TRAFFICO DI DROGA ATTRAVERSO LA REGIONE
DI LA MOSQUITIA

Altra rotta utilizzata dai narcotrafficanti parte dal Golfo del Venezuela verso il Banco Rosalinda, in cui il trasporto viene effettuato con pescherecci di tipo industriale. Raggiunto il Banco di Rosalinda, dopo aver effettuato rifornimento di carburante, gli stessi pescherecci proseguono verso Roatan e Guanaja (Bay Islands).

Una volta sbarcati, i carichi di droga provenienti dal Sud America vengono dirottati, via terra, verso il Guatemala, dove, le reti di trafficanti di droga locali, chiamate "transportistas", utilizzando vari punti clandestini situati in una delle zone considerate tra le più pericolose, ne attraversano il confine.

L'instabilità politica e la violenza generata dal traffico di droga e dalla proliferazione delle bande hanno reso l'Honduras uno dei paesi più pericolosi e violenti del mondo. Il paese ha il più alto tasso di omicidi al mondo. Ogni giorno vengono uccise almeno 20 persone in una nazione di otto milioni di persone. La seconda città del paese, San Pedro Sula, è la più pericolosa al mondo davanti a Ciudad Juárez in Messico. Ogni giorno ci sono una media di tre omicidi a

San Pedro de Sula. Quasi tutti collegati con il narcotraffico.

Il panorama odierno del narcotraffico hondureño presenta 13 strutture criminali operanti, molte costituite da piccoli gruppi non organizzati come alcuni cartelli del passato che pur smantellati, ma continuano ad avere legami con le organizzazioni criminali transnazionali, soprattutto i Cartelli messicani, riuscendo cosi a far proliferare questa attività illegale sul territorio.

Tra le bande più attive si fanno notare i Vatos Locos, diramazione dell'MS-13 salvadoregno, gli Olanchanos e i Parqueros.

Secondo molti esperti l'Honduras, ormai divenuto uno dei principali punti di interesse per le organizzazioni criminali transnazionali, il traffico di stupefacenti difficilmente si arresterà, in quanto il paese centroamericano possiede risorse e molti modi per continuare ad operare, considerando soprattutto che gran parte della classe politica locale è considerata parte integrante delle strutture dedite al narcotraffico.

GUATEMALA

Quando si analizza il traffico di droga in America Centrale, tutte le strade portano in Guatemala. Il Guatemala confina con Honduras, El Salvador, Messico e Belize ha 400 km di costa, la maggior parte sull'Oceano Pacifico, da cui riceve e spedisce gran parte del contrabbando in entrata e in uscita dal paese. L'interno montuoso, combinato con le vaste distese di giungla scarsamente popolate nel nord, rendono il paese una nazione ideale per lo stoccaggio e il transito.

Inoltre Il clima e le caratteristiche del terreno, rendono il Guatemala un luogo adatto per la coltivazione di varie colture illecite, come la marijuana che viene coltivata in tutto il paese ed il papavero da oppio, coltivato nelle zone montagnose, in particolare nelle aree di San Marcos e Huehuetenengo vicino al confine occidentale con il Messico.

Negli ultimi anni, le forze di sicurezza hanno anche scoperto piantagioni di coca su piccola scala nascoste tra le montagne in alcune delle province nord-orientali del paese, in particolare Izabal.

Nel paese agiscono una grande quantità di gruppi criminali, considerati tra i più pericolosi del mondo. Alcuni di questi gruppi sono molto organizzati ed annoverano tre le fila ex membri attivi delle forze di sicurezza e dell"esercito, agenti di intelligence, agenti di polizia in servizio, funzionari pubblici e trafficanti di droga.

Gli elementi criminali dell'apparato militare e di intelligence del Guatemala sono chiamati "CIACS -Cuerpos Illegales y Aparatos Clandestinos de Seguridad (Corpo illegale e Apparato di sicurezza clandestina)".

I CIACS hanno le loro origini nelle unità di intelligence del governo. La loro influenza dietro le quinte nel governo ha portato alcuni a vederli come i "poteri nascosti" che gestiscono segretamente il paese. Questi uomini hanno raggiunto l'apice del loro potere tra il 1997 e il 2005 e da allora si sono frammentati in diversi gruppi più piccoli.

Rimangono attori potenti nella malavita criminale e mantengono stretti legami con i partiti politici. L'ex presidente guatemalteco ed ex generale Otto Pérez Molina sarebbe stato un membro del CIACS.

Tutti questi gruppi lavorano a stretto contatto con settori del governo corrotti che facilitano i loro affari. In più, nel paese, hanno un'influenza particolarmente forte anche due delle bande di strada più famose delle Americhe, le salvadoregne la Mara Salvatrucha, e Barrio 18.

Alcune fonti affermano che ciò che resta di ex organizzazioni dedite al traffico di droga, come la Lorenzana a Zacapa, la Mendoza a Izabal, i Leones a Jutiapa, una volta dominanti nel paese, sono ancora attive, continuando a ricoprire un ruolo importante nel traffico illecito insieme alle nuove reti criminali locali.

Il traffico di droga che avviene nel territorio del Guatemala è gestito soprattutto da le varie bande locali che controllano piccoli tratti delle varie rotte che collegano il Guatemala con il Messico.

Queste bande dominano la vita delle piccole città in cui operano, facendo molto affidamento sulla complicità o sulla partecipazione attiva delle autorità locali, tra cui sindaci, alti ufficiali dell'esercito e capi della polizia.

Tutti i cartelli criminali guatemaltechi, agiscono come rappresentanti dei grandi cartelli messicani.

Le spedizioni illegali in questo paese arrivano seguendo tre diverse rotte, la prima seguendo la rotta marittima del pacifico che termina sulla costa vicino a Puerto Quetzal, nella parte occidentale del Honduras, la seconda via terra proveniente dalla Mosquitia honduregña e la terza seguendo la rotta caraibica che termina a Puerto Barrios, luogo di sbarco di sbarco e smistamento della cocaina.

Tradizionalmente, il paese è stato diviso tra le rotte di rifornimento al Cartello del Pacifico situate vicino alla costa meridionale guatemalteca il quale ricevuti i carichi li trasportano in Messico attraverso il dipartimento di San Marcos e, quelle che riforniscono ciò che rimane dei Los Zetas, il cartello messicano che per anni ha controllato il grande dipartimento di Petén, l'ultimo passo prima di raggiungere il territorio messicano.

Negli ultimi anni si è registrato un aumento del traffico aereo che ha causato l'aumento del volume di cocaina in Guatemala. Secondo un rapporto pubblicato dal Dipartimento di Stato degli Stati Uniti nel marzo 2020, l'aumento della pressione navale guatemalteca nel Pacifico ha spinto i narcos ad abbandonare il trasporto via mare, dirottando il traffico di cocaina via cielo, soprattutto con aerei provenienti dal Venezuela.

Dati della Polizia Civile Nazionale e del Ministero della Difesa, pubblicati in un rapporto di Prensa Libre, mostrano il fatto che i narco voli hanno rappresentato circa l'84% dei sequestri di cocaina effettuati nel paese a partire dal 2020 . Nel 2019 solo il 3% dei sequestri totali era avvenuto su aerei. Nel frattempo, i sequestri marittimi sono scesi dal 44% dei sequestri totali di cocaina rispetto ad una media del il 4,5%.

Aereo adibito al trasporto di cocaina sequestrato su una pista clandestina in Guatemala (Fonte: Ministero dell'interno del Guatemala).

Negli ultimi anni, in Guatemala è aumentata l'attività legata al traffico di droga e alla violenza. L'aumento delle spedizioni dirette in Honduras e gli sforzi delle autorità messicane per impedire l'arrivo diretto di droga nel loro Paese hanno costretto il Guatemala ad assorbire il 90% del flusso di cocaina, creando una situazione di strozzatura nel territorio guatemalteco.

Dopo anni di abbandono, ha ripreso con vigore il trasporto di cocaina lungo la rotta caraibica, caduta in disuso dopo i tempi in cui dominava il cartello di Medellín, che utilizzava l'isola di Norman's Cay alle Bahamas per rifornire di carburante gli aerei carichi di cocaina provenienti dalla Colombia e diretti negli Stati Uniti.

A metà degli anni '80, oltre il 75% della cocaina sequestrata negli Stati Uniti era stata trasportata nei Caraibi. Nel 2010, solo il 10% della cocaina sequestrata proveniva dalla area insulare caraibica. Negli ultimi anni però, il narcotraffico marittimo ha rialzato la testa. Attualmente rappresenta circa il 20% di tutto il movimento di cocaina che avviene nell'emisfero occidentale.

Oggi, grandi quantità di cocaina ma, anche di marijuana transitano attraverso la Repubblica Dominicana, Haiti, Giamaica, Trinidad e Tobago, Bahamas, Aruba, Curacao e, le varie piccole isole che costituiscono i Caraibi orientali.

Il motivo della rinascita è spiegato da alcuni fattori: l'incremento al contrasto del traffico illegale da parte delle forze dell'ordine locali, l'aumento degli investimenti statunitensi nella guerra alla droga in America Centrale e Messico e, la crescente importanza assunta dal Venezuela come hub regionale nel mercato della cocaina, soprattutto dopo Il colpo inferto al narcotraffico per via aerea diretto verso l'Honduras da parte delle forze dell'ordine di quest'ultimo paese, rilanciando cosi il trasporto della cocaina lungo le acque dei Caraibi, ripristinando diverse rotte adibendole nuovamente al transito della droga.

Cambiano le rotte, cambiano i metodi di trasporto ma, gli attori principali coinvolti nel traffico di droga attraverso i Caraibi sono sempre gli stessi, vale a dire le organizzazioni criminali transnazionali colombiane e messicane, coadiuvati di volta in volta da nuove leve, costituite da gruppi criminali locali.

Al giorno d'oggi, soprattutto le organizzazioni criminali dominicane e portoricane, una volta ricevuta la "mercanzia" la spediscono negli Stati. Tali organizzazioni sono anche diventate i principali distributori al dettaglio e all'ingrosso di cocaina nella regione dei Caraibi.

La criminalità organizzata nei Caraibi è arrivata ad esercitare il controllo sociale e cooptare lo stato in vari modi. In paesi come la Giamaica e Haiti, ad esempio, i settori governativi hanno stabilito alleanze politiche con le bande locali per compensare l'abbandono di alcune comunità da parte dello stato.

REPUBBLICA DOMINICANA

Rotta principale del narcotraffico che parte dalla Colombia e dal Venezuela è quella che arriva all'isola di Hispaniola, preferibilmente nella parte orientale dell'isola, in cui si trova la Repubblica Dominicana, in quanto la parte occidentale, in cui si trova Haiti, pur essendo un punto di transito della droga, presenta molte problematiche strutturali, le quali, al momento, non la fanno prendere in considerazione per un incremento di questa attività, considerando anche il suo minore volume di scambi commerciali e traffico marittimo di scarsa intensità che, rispetto alla Repubblica Dominicana, non aiutano a camuffare le attività illecite e il riciclaggio del denaro ad esse collegate.

Negli anni la rotta verso la Repubblica Dominicana ha acquisito un grande valore strategico. Questo paese, al centro del Mar dei Caraibi, è il più popoloso della regione, con 10,5 milioni di abitanti, ed è quello con l'economia più forte dell'intera bacino caraibico. La sua eccezionale attività economica facilita il riciclaggio di denaro ottenuto dai trafficanti di droga, grazie anche agli alti livelli di corruzione della classe politica e delle forze di sicurezza nazionali che hanno fatto diventare il paese un paradiso per i narcotrafficanti.

La Repubblica Dominicana dispone di sei porti che ne fanno un centro regionale per il trasporto marittimo di primaria importanza. Negli ultimi anni il sistema portuale dominicano è diventato il principale punto di trasbordo dei container nei Caraibi. Questo favorisce l'imbarco di container contraffatti, durante le varie operazioni di trans-shipment.

Per le spedizioni di cocaina in partenza, la Repubblica Dominicana offre una notevole quantità di rotte, diverse una dall'altra. Una volta giunto nella paese il percorso della droga si biforca in varie direzioni. Una direzione si dirige verso gli Stati Uniti, attraverso Porto Rico, isola che dista a sole 60 miglia dalla costa orientale di

Hispaniola e 205 miglia di distanza dalla Florida. Per i narcotrafficanti, trasportare la cocaina su quest'isola è di fondamentale importanza, in quanto essendo territorio degli Stati Uniti, quindi di conseguenza all'interno del sistema doganale del paese nordamericano, sarà successivamente più facile trasportarla verso il continente, Florida Meridionale in primis.

Dinamiche simili si applicano ai territori francesi d'oltre mare, come la Martinica e la

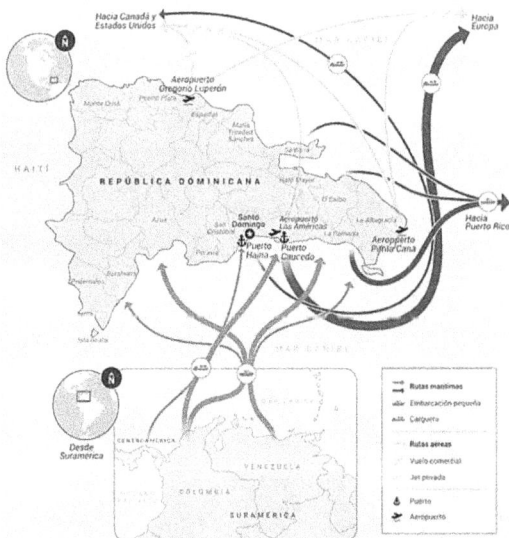

Principali rotte traffico cocaina attraverso la Repubblica Dominicana

insightcrime.org

Guadalupa per quanto riguarda le spedizioni verso l'Europa.

Discorso analogo per i territori britannici nel Mar dei Caraibi, vale a dire Anguilla, Bermuda, le Isole Vergini britanniche, che sono trampolini di lancio verso il Regno Unito.

Il Dipartimento di Stato degli Stati Uniti ha identificato la Repubblica Dominicana come una delle principali nazioni di transito per le spedizioni di cocaina dirette negli Stati Uniti, con il traffico marittimo, che prevede l'uso di go-fast boat e container commerciali, come il principale metodo di contrabbando di droga verso e dall'isola. È stato anche il Paese più frequentemente identificato dalle agenzie europee come la nazione di transito per le spedizioni di cocaina destinate all'Europa. Tuttavia, fonti investigative pensano che la Repubblica Dominicana, oltre ad essere un luogo di transito, stia diventando anche una zona di lavorazione del prodotto grezzo. Ad avvalorare questa tesi è stata l'individuazione di numerosi laboratori nel sud del paese, compreso un grande stabilimento che si trovava a San Cristobal avvenuto nel 2013 e, la scoperta di tre laboratori a Santiago de Los Caballeros e Puerto Plata. Questi ultimi adibiti alla produzione di droghe sintetiche.

Un altro motivo per cui la Repubblica Dominicana è la nazione di transito preferita per il trasporto di cocaina è il livello di professionalità raggiunto dalle organizzazioni autoctone dedite al traffico della droga. Le strutture criminali dominicane un tempo fungevano principalmente da semplici trasportatori per le organizzazioni colombiane e messicane ma, le cose sono cambiate. Le organizzazioni criminali locali hanno fatto un salto di livello notevole, diventando tra i maggiori attori nel commercio internazionale delle sostanze stupefacenti.

Oggi, i dominicani acquistano la cocaina in Venezuela, incaricando gli stessi venezuelani di intraprendere il pericoloso viaggio attraverso il Mar dei Caraibi, assumendo così il controllo diretto dei carichi diretti verso l'isola caraibica e successivamente, spostando la droga fino alla costa orientale degli Stati Uniti. Una volta sbarcati negli Stati Uniti, i carichi di cocaina, grazie ad una rete figlia della grande diaspora dominicana, piazza la droga sul mercato, arrivando persino a livello di vendita al dettaglio.

In linea d'aria, la Repubblica Dominicana si trova a circa 1.400 chilometri dalla costa settentrionale del Venezuela. I narcotrafficanti utilizzando questa rotta diretta, spediscono dalle basi situate nelle penisole di Guajira e Paraguaná, tonnellate di cocaina imbarcate su motoscafi veloci.

Le barche di solito partono dalla costa venezuelana al tramonto per navigare tutta la notte. All'alba, si fermano in qualche angolo remoto nascosto in qualsiasi degli innumerevoli isolotti presenti lungo la rotta, coprono le barche con teloni blu e verdi rendendole quasi invisibili. Quando l'oscurità scende di nuovo, riprendono il loro viaggio. All'arrivo nelle acque territoriali della Repubblica Dominicana, vengono accolti dai trafficanti dominicani, i quali trasbordano il carico su le proprie imbarcazioni. Una volta sull'isola, la criminalità organizzata sposta ed esporta spedizioni di droga con relativa facilità e sicurezza, aiutata dalla corruzione ad alto livello presente nelle forze dell'ordine locali, nell'agenzia nazionale antidroga e nelle autorità portuali, molto probabilmente anche grazie a delle coperture politiche.

Il movimento di mezzi navali lungo la rotta marittima che collega il Venezuela con la Repubblica Dominicana è difficile da stimare, ma secondo dati provenienti dalle Autorità Statunitensi e Dominicane, una media di tre/ quattro go-fast entrano ogni settimana nelle acque territoriali dominicane, trasportando tra i 700 chilogrammi e una tonnellata di cocaina. Analizzando queste cifre, si può stimare che dalla solo questa rotta marittima vengano sbarcate circa 10 tonnellate di cocaina al mese, ovvero 120 tonnellate all'anno, senza contare i carichi imbarcati su navi porta containers che transitano nei porti della Repubblica Dominicana.

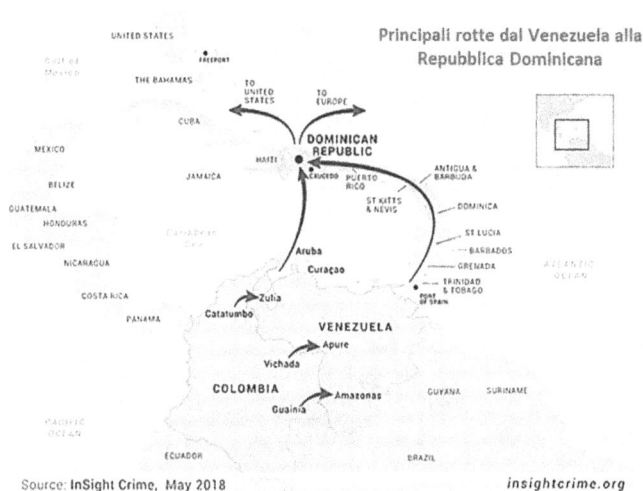

Principali rotte dal Venezuela alla Repubblica Dominicana

Source: InSight Crime, May 2018

insightcrime.org

Ormai la criminalità dominicana, ad incominciare dai potenti "Los Trinitarios", controlla un gran numero degli anelli della catena della droga e, sono in grado di massimizzare i loro profitti per ogni chilogrammo di droga che passa tra le loro mani. Le organizzazioni locali non formano grandi cartelli, ma operano sotto forma di gruppi indipendenti, che possono mantenere una sorta di cooperazione intermittente tra di loro. Un gruppo tipico è costituito da familiari e amici, e, grazie a questa caratteristica, le organizzazioni dominicane cercano di rimanere isolate dalle minacce esterne, sia quando operano nella madrepatria, sia nei gruppi operanti all'estero, soprattutto sul territorio statunitense. Nonostante questa consanguineità, sono aperti a collaborare con gruppi criminali che provengono da Porto Rico, Colombia o Messico.

Oltre ai famosi Los Trinitarios, la rete criminale dominicana operante sul territorio è costituita da altre bande come i Latin Kings, i Bloods, Los 42, Metálicos, Ñetas, Mercaderos, Dorados e Rastafarys.

Tutti questi gruppi criminali dominicani, lavorando con i cartelli colombiani (Clan del Golfo) e messicani (Cartello di Sinaloa e il Cartello Jalisco Nueva Generación) fungono anche da intermediari per le mafie internazionali che cercano di assicurarsi grandi carichi di cocaina.

Le agenzie di intelligence internazionali presenti nella capitale, Santo Domingo, hanno segnalato la crescente presenza di figure della criminalità organizzata russa, oltre alla sempre presente Ndrangheta Calabrese.

Secondo un report di InSight Crime, l'imposta media che la criminalità organizzata dominicana chiede ai cartelli Colombiani e messicani, per il transito della cocaina nell'isola è di 1.400 dollari al chilogrammo. Ciò significa che la criminalità organizzata dominicana guadagna oltre 200 milioni di dollari all'anno. La cifra reale sicuramente è molto più alta, poiché in molti casi i dominicani sono proprietari delle spedizioni di cocaina. Per tale " servizio" il costo per ogni carico diretto verso gli Stati Uniti è di 25.000 dollari per ogni chilogrammo. Per i carichi diretti verso l'Europa la richiesta sale a 35.000 per chilogrammo. Ultimamente le organizzazioni criminali locali hanno incominciato a gestire grosse quantità di eroina e fentanil, che da diverso tempo passa per l'isola per poi dirigersi soprattutto verso il mercato europeo. Ormai la Repubblica Dominicana non è più solo un punto di trasbordo, ma un luogo in cui le mafie internazionali possono acquistare grandi partite di droga.

Ciò significa che la Repubblica Dominicana si evolverà sempre di più come un centro cosmopolita del traffico di droga, con una sempre più crescente presenza criminale.

SAN ANDRÉS

San Andrés è una piccola isola caraibica facente parte, insieme alle altre due piccole isole di Providencia e Santa Catalina, dell'Arcipelago di San Andrés, ubicato a largo alle coste del Nicaragua. San Andrés, la isola maggiore, dista solo 60 miglia nautiche (110 chilometri) ma, indipendentemente dalla sua posizione appartiene, insieme alle altre due isole, alla Colombia da cui dista 390 miglia nautiche (circa 720 chilometri).

Da secoli questo arcipelago è rinomato come centro di contrabbando, in quanto funge da punto di passaggio per le attività illegali tra la Colombia continentale e l'America centrale.

In particolare la posizione di San Andrés, a solo tre ore di motoscafo dal Nicaragua, ha fatto si che sia sempre stata lo scalo strategico per le attività illegali della criminalità organizzata, rendendola nel tempo un isola di notevole

importanza strategica riguardo il traffico di cocaina verso il Nord America.

Per il ruolo predominante che la Colombia svolge nel traffico mondiale di droga, le grandi organizzazioni di narcotrafficanti operanti nel paese sudamericano hanno da sempre sfruttato questo potenziale geostrategico dell'isola per portare avanti le molteplici operazioni riguardanti il traffico di cocaina diretto verso i grandi mercati di consumo, facendo ricoprire a San Andrés un ruolo ben determinato nella catena del narcotraffico che negli ultimi anni si è instaurata nei Caraibi, sia dal punto di vista della sua partecipazione alle dinamiche del traffico di cocaina, sia dal punto di vista delle modalità utilizzate per questa attività illegale.

San Andrés è punto di passaggio strategico della droga, essendo particolarmente vicina al corridoio centroamericano, ovvero alla rotta attualmente più attiva per il traffico illegale che opera in questa regione. In questo senso, la posizione geografica gli conferisce un importante vantaggio comparativo quando si parla di "uscita ai Caraibi" della droga che proviene dalla Colombia continentale.

l'isola consente di stabilire un facile collegamento con i paesi rivieraschi dell'America Centrale, soprattutto Nicaragua (Bluefields e Monkey Point), Honduras (La Ceiba) e, le isole dei Caraibi occidentali più attive nel traffico di droga come Giamaica, Porto Rico, Haiti e Repubblica Dominicana.

La rotta che parte dalla terraferma colombiana fino a San Andrés e da lì verso il Centro America è quella utilizzata da molto tempo dai gruppi di trafficanti, soprattutto dal Cartello del Golfo (Los Urabeños), gruppo che ha preso il controllo di questa via dopo lo smantellamento del Cartello di Cali, dominatore incontrastato del trasporto di cocaina verso San Andrés dalla fine degli anni '80 fino a quasi tutti gli anni '90 del secolo scorso e, dopo aver sconfitto i rivali Los Paisas e Los Rastrojos, bande criminali colombiane che come gli Los Urabeños cercavano di prendere il controllo delle rotte dei traffici illeciti che passavano per San Andrés.

Oltre alla posizione geografica, una ragione per cui San Andrés, e in maniera minore Providencia, è diventata un centro nevralgico del narcotraffico lungo il Mar dei Caraibi, è dovuta alle abilità marinare e profonda conoscenza della navigazione nelle acque caraibiche, degli abitanti locali. Grazie a queste capacità i locali furono da prima semplicemente assunti per trasportare benzina in mare aperto con lo scopo di rifornire le barche piene di carico illecito, successivamente per trasportare direttamente la cocaina, fino al Nicaragua o verso la costa messicana.

Il prosperare del narcotraffico a San Andrés e a Providencia, è dovuto oltre alla posizione geografica che ricopre nella regione caraibica, anche da un tacito assenso di gran parte della popolazione locale che per ragioni culturali e condizione sociale, hanno da sempre creato un ambiente permissivo allo svolgimento di qualsiasi tipo di traffico illegale in cui, ormai Il traffico di droga la fa da padrone.

La ragione è che il narcotraffico a San Andrés ha avuto un effetto domino in tutta l'isola e un grande impatto sulla sua economia locale, soddisfacendo quella richiesta di acquisto di beni di consumo e di lusso e, di una vita agiata che non potrebbero essere ottenuti altrimenti in un territorio storicamente molto povero e trascurato dalle politiche economico e sociali dello Stato centrale.

Con l'iniezione di denaro della droga, ristoranti, gioiellerie, casinò, centri commerciali, hotel di lusso sono apparsi dal nulla, distribuendo benessere sociale. La ricerca del riconoscimento e della promozione sociale ha fatto si che gran parte della comunità isolana, soprattutto la più giovane sia da sempre componente fondamentale in questo tipo di attività illegale, rendendo il traffico di droga una fonte di reddito e di beneficio per alcune fasce appartenenti alle fasce più svantaggiate della popolazione locale.

Per i giovani isolani che cercano di guadagnarsi da vivere dignitosamente, ci sono poche alternative al traffico di droga, considerato da molti di loro, uno stile di vita.

In un sondaggio effettuato qualche anno fa a San Andrés, il 44% degli intervistati ha dichiarato che la presenza di trafficanti nell'area non costituisce un problema.

In una intervista rilasciata alla BBC qualche anno fa, un pescatore di Providencia ha affermato "Il mare è la nostra economia, non importa se essa è legale o illegale".

ALTRE ISOLE MINORI CARAIBICHE

Oltre le grandi isole, anche altre le "piccole" isole caraibiche come San Andrés, sono diventate popolari destinazioni di transito della cocaina, tra queste figurano Anguilla, Antigua, Barbuda, Bonaire, Curacao, Dominica, Grenada, Isole Vergini Britanniche, Monserrat, Santa Lucia, St. Kitts e Nevis, St. Vincent e Grenadine, Trinidad e Tobago. Praticamente quasi tutte le isole caraibiche.

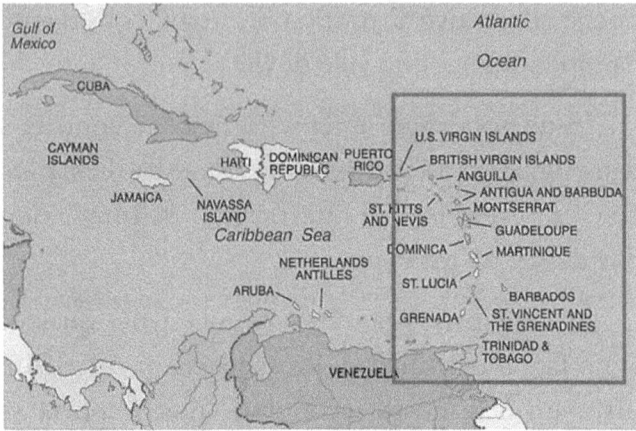

Una delle rotte principali percorse dalle barche cariche di droga provenienti dal Venezuela è il percorso attraverso le numerose isole che costituiscono l'arcipelago caraibico.

Ci sono poche miglia nautiche tra la Penisola di Paria, nel nord est del Venezuela e Trinidad e Tobago, e da lì, dopo aver navigato in mare aperto, incomincia, partendo dalle Grenadine, il cammino lungo costa tra le varie isole che si protendono verso le grandi isole del Nord, soprattutto Hispaniola e Porto Rico. Un report della DEA afferma che il traffico lungo questa rotta avviene generalmente con fast boat ma, a volte sono usati piccoli aerei, soprattutto lungo il tratto tra Venezuela e Trinidad e Tobago, in maniera da evitare la navigazione in mare aperto, dove spesso le condizioni meteo marine non sono delle migliori (parlo per esperienza avendo navigato in quella zona). Una volta arrivati a Trinidad e Tobago, con l'aiuto di bande criminali locali, la merce viene imbarcata sulle imbarcazioni alla volta delle isole del nord.

Lungo questa rotta, agiscono anche bande dedite al traffico di Marijuana, business di piccola entità per alcuni paesi caraibici come la Giamaica, St. Lucia e Saint Vincent e Grenadine.

4. LA ROTTE DEL NARCOTRAFFICO: SUD AMERICA

VENEZUELA

Da alcuni anni il Venezuela è uno dei tasselli più importanti all'interno del sistema che regola il narcotraffico, essendo diventato, secondo molti analisti internazionali, un "narco stato" dove le varie componenti incaricate di prevenire e reprimere tale attività illegale, sono fortemente colluse con il traffico di cocaina stesso.

Questo deriva dalla strategia adottata dai cartelli della droga, con l'organizzazione criminale locale denominata "Cartel de los Soles" in prima fila la quale, per poter mandare avanti il loro progetto criminale, coadiuvati da alcuni gruppi illegali stranieri, continuano una costante penetrazione all'interno delle istituzioni venezuelane destabilizzandole attraverso la corruzione. I dipendenti pubblici corrotti consentono e facilitano le varie operazioni criminali in cambio di vantaggi economici.

Molte figure importanti dell'establishment politico in Venezuela sono in un modo o nell'altro legati di organizzazioni criminali che agiscono nel loro paese, soprattutto al sopracitato "Cartel de Los Soles", il gruppo più potente presente sul territorio che grazie alla protezione garantita del potere politico e istituzioni pubbliche domina il traffico di droga In Venezuela.

Cosa interessante e nello stesso tempo drammatica è che molti di questi funzionari corrotti, oltre ad essere sul libro paga del cartello e di altri gruppi criminali locali, spesso sono anche membri effettivi di essi ed addirittura ne sono i leader. Tali funzionari collusi con il narcotraffico appartengono ai tre principali poteri dello Stato, vale a dire il potere esecutivo, il legislativo e il giudiziario. Coinvolti nel traffico di droga sono alti ranghi appartenenti alle Forze Armate Venezuelane, comandanti di polizia, giudici dei tribunali superiori, deputati, giornalisti, imprenditori, ecc.

La lista delle persone coinvolte nel narcotraffico appartenenti alla società civile del paese è molto lunga.

Purtroppo, a causa della mancanza di cooperazione di polizia tra Venezuela e altri paesi, è difficile avere informazioni precise sul movimento illegale di stupefacenti e quali siano gli attori coinvolti. Questo ha reso e, continua a rendere impossibile il contrasto del narcotraffico nel paese sudamericano.

Tutto ebbe inizio nel 2005, quando l'allora presidente del Venezuela Hugo Chávez espulse dal paese gli agenti statunitensi della DEA (Drug Enforcement Administration).

Da tale data la cooperazione di polizia del Venezuela con gli Stati Uniti, molti paesi appartenenti all'Unione Europea, Italia inclusa e i paesi confinati Colombia e Brasile, è stato considerevolmente ridotta, fino a un punto in cui si può dire che oggi è praticamente inesistente.

A causa della vicinanza con la Colombia, il Venezuela, grazie alla dilagante corruzione nelle varie istituzioni statali, è stato sempre un paese utilizzato dai narcotrafficanti colombiani per esportare la cocaina, aiutati anche alla scarsità di risorse, attrezzature e formazione delle forze di polizia venezuelane e, soprattutto, dalla vicinanza delle rotte di uscita del prodotto verso porti, aeroporti e piste di atterraggio clandestine, presenti sul territorio del paese confinante.

Da sempre; molte aree del dipartimento colombiano di Norte de Santander, la zona di confine tra Colombia e Venezuela, è considerata una delle regioni con il miglior costo/beneficio per la produzione e la raffinatezza della cocaina nel mondo.

Per anni la regione è cresciuta in termini di produzione di cocaina, soprattutto dopo il 2013, quando il governo colombiano ha sospeso l'eradicazione e la fumigazione del delle coltivazioni della foglia di coca. Esistono altri fattori che hanno contribuito a questa crescita. Il primo di essi riguarda il costo di uno dei prodotti fondamentali usati per la raffinazione della pasta di base di cocaina: la benzina. In Venezuela il suo prezzo è estremamente economico.

Secondo fattore è il basso costo della manodopera necessaria per la semina, la raccolta, la raffinazione ed il trasporto, soprattutto a causa dell'enorme immigrazione in Colombia dei rifugiati venezuelani che, essendo disoccupati ed in cerca di lavoro, non trovandolo, si fanno coinvolgere nel processo criminale, accettando inoltre un salario molto basso.

Dalla Colombia, la cocaina arriva in Venezuela seguendo tre assi principali:

• l'asse che parte dal dipartimento colombiano di Norte de Santander, regione del Catatumbo, verso gli stati venezuelani di Táchira e Zulia.

• l'asse che parte dai dipartimenti colombiani di Meta, Vichada e Arauca, diretto agli stati venezuelani di Apure e Guárico.

• l'asse che parte dai dipartimenti di Guaviare, Meta, Guainía e Vichada diretto agli stati venezuelani di Apure e Amazonas.

Rotte del narcotraffico tra Colombia e Venezuela.
Fonte: Real Instituto Elcano

Lungo queste tre direzioni la cocaina viene trasportata principalmente attraverso due metodi:

• per via aerea, da aerei mono motore o bimotore che decollano e atterrano su piste clandestine, in mezzo al giungla amazzonica,

• via fiume, attraverso gli innumerevoli fiumi che attraversano i confini che scorrono dalla

Colombia al Venezuela e che alimentano i bacini del lago Maracaibo e del fiume Orinoco.

Nonostante lo stretto controllo dello spazio aereo che esiste in Colombia, da parte della locale Aeronautica Militare, Esercito e Polizia, il traffico di cocaina attraverso Venezuela avviene per lo più per via aerea, soprattutto considerando il fatto che l'area di produzione della sostanza è vicina al confine tra i due paesi sudamericani, e, non vi è tempo per forza aerea colombiana di intercettare gli aerei carichi di droga.

Pertanto, una volta decollati dalla Colombia, possono facilmente arrivare in Venezuela, fare rifornimento carburante e, dopo aver attraversato incontrastati il suo spazio aereo, dirigersi verso una delle isole dei Caraibi o i vari paesi dell'America centrale.

Successivamente, le rotte sulle quali cui viene trasportata la cocaina dal Venezuela verso l'intera area caraibica si dividono principalmente in tre assi:

1. Da Apure, Táchira e Zulia verso l'Honduras, passando per le isole caraibiche.

2. Da Apure, Amazonas o le regioni costiere del Venezuela alla Repubblica Dominicana o

Giamaica, per raggiungere successivamente gli Stati Uniti e l'Europa.

3. Dai porti, Puerto Cabello in primis, verso Africa occidentale e poi all'Europa, o direttamente all'Europa.

Per quanto riguarda il narcotraffico aereo, la maggior parte dei voli parte da Apure, area in cui si trovano la maggior parte delle piste clandestine geograficamente isolate, molto ben equipaggiate e che offrono una buona logistica. Anche Táchira e Zulia offrono strutture simili, ma il loro uso da parte dei narcotrafficanti è meno frequente. Ogni aereo è in grado di trasportare in media tra i 500 e i 100 chili di cocaina.

Una volta decollati dalle piste clandestine site nel territorio venezuelano, gli aerei carichi di cocaina, volano seguendo un rotta diretta verso nord fino a raggiungere il 15° parallelo, qui compiono un virata di 90° verso ovest dirigendosi verso le piste d'atterraggio in Honduras.

La ragione principale per cui viene seguito questo piano di volo è quella di eludere il rilevamento radar da parte delle forze preposte al contrasto del narcotraffico.

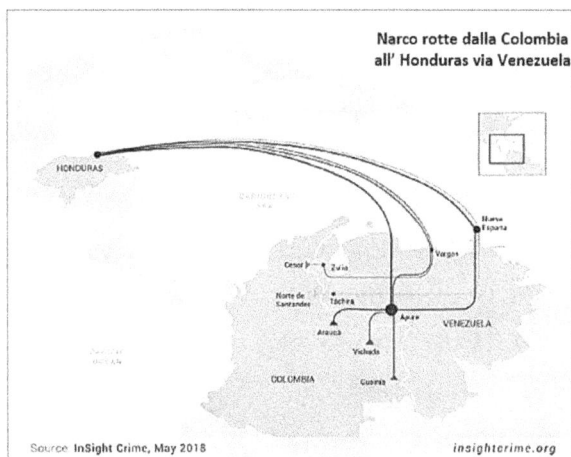

Narco rotte dalla Colombia
all' Honduras via Venezuela

Source InSight Crime, May 2018

insightcrime.org

Usando il mare, come via di trasporto, il modo preferito per spedire la cocaina dal Venezuela è l'utilizzo dei motoscafi veloci. La rotta marittima verso l'Europa e gli Stati Uniti, attraverso Puerto Cabello, era di grande importanza fino a circa dieci anni fa. A quel tempo, si stima che gran parte della cocaina colombiana in transito attraverso il Venezuela passasse attraverso questo porto. Nel corso degli anni, a causa del declino economico del paese, questa rotta ha perso molto della sua importanza, rimanendo però ancora attivo grazie all'elevato grado di corruzione di molti funzionari portuali, associati al "Cartel de los Soles".

Altra organizzazione criminale venezuelana dedita al narcotraffico è il cosiddetto "Cartel de Paraguaná", un'unione di clan di tre famiglie dello stato di Falcón che da più di 35 anni, controllano le attività di contrabbando nella zona costiera di questa parte di Venezuela che si affaccia sul Mar dei Caraibi di fronte alle isole olandesi di Aruba, Bonaire e Curaçao.

Per la sua posizione geografica, lo stato di Falcón è stato sempre caratterizzato da una cultura del contrabbando di idrocarburi, cavi di rame e tubi d'acciaio verso le isole caraibiche, l'America centrale e l'Europa ma, con il tempo è riuscito a, si è ritagliarsi uno spazio importante nel narcotraffico internazionale diventando un punto di ingresso e uscita della cocaina proveniente dalla Colombia e diretta verso le isole caraibiche.

Il Cartel de Paraguaná ha il suo centro operativo direttamente sulla costa e nella Sierra de Falcón ma, la sua attività si estende ad altre regioni venezuelane come site negli stati di Carabobo, Zulia e Anzoátegui.

Tale gruppo, pur non ricorrendo alla violenza armata per esercitare il controllo dei territori sotto il suo controllo, ha un esercito costituito da circa 100/120 uomini fortemente armati che hanno il compito principale di far da custodi ai carichi di droga provenienti dalla Colombia, immagazzinati nelle fattorie e nelle varie proprietà rurali presenti nello stato di Falcón e, successivamente, trasportarla sulla costa per imbarcarla su motoscafi veloci o pescherecci con a bordo equipaggi locali incaricati di trasbordare la droga sulle navi in attesa al largo della costa venezuelana. Navi che hanno come destinazione finale gli Stati Uniti o le isole caraibiche, paesi centroamericani, europei, africani, o Stati Uniti.

Secondo informazioni investigative, anche il Cartello di Paraguaná, come molti cartelli della droga latinoamericani, ha instaurato un legame molto stretto con il potente Cartello messicano di Sinaloa.

Per dimostrare che il Venezuela non è un Paese permissivo con il narcotraffico, tra aprile 2020 ed aprile 2021 l'organizzazione criminale è stata parzialmente smantellata dal governo venezuelano ma, nonostante l'arresto del suo leader e la fuga dei suoi luogotenenti, il cartello del Paraguaná continua, anche se probabilmente su scala minore, le operazioni di traffico di droga.

Lo stato venezuelano di Falcon (Fonte: Archivio Personale Salvatore Pittorru).

Altro punto nevralgico per l'esportazione della cocaina colombiana dal Venezuela, è lo Stato di Sucre, situato nella parte nord orientale del paese, in cui si trova il Golfo di Paria che, essendo nel punto più stretto, distante solo dieci miglia dall'isola di Trinidad, è da sempre stato un ambiente perfetto per attività illegali via mare.

In questa zona sono presenti varie bande dedite al contrabbando di articoli richiesti dalla popolazione venezuelana, molte delle quali di base, vista la carenza di ogni genere di prodotti che soffre il Paese, ma soprattutto operano gruppi criminali legati al Cartel de los Soles ed ad altre entità appartenenti al mondo della criminalità organizzata.

Molti dei villaggi della regione, principalmente quelli situati nella penisola di Paria, come Arismendi, Mariño e Valdez, Río Caribe, San Juan de Las Galdonas, Santa Isabel, San Juan de Unare, Guiria, Yaguaraparo, Guacuco e Guarataro sono sotto il controllo di bande come "Los Valencianos", principale gruppo criminale della zona, appendice della mega banda "Tren de Aragua", i "Zacarías" e i "Ring Doblado".

La attività criminale nella area si concentra principalmente sul traffico di droga che, proveniente dalla Colombia, dopo aver attraversato il territorio Venezuelano ed essere inviata a Trinidad e Tobago, viene trasportata attraverso i Caraibi verso il Nord America e l'Europa o, sempre verso quest'ultima, con scalo in Africa occidentale.

LA TRIPLE FRONTERA ANDINA: BOLIVIA, CILE E PERÙ

Come già analizzato nei capitoli precedenti, nella parte meridionale del continente americano il narcotraffico è la principale manifestazione della criminalità organizzata. In questa regione si produce il 100% della cocaina consumata nel mondo ed è dal traffico di stupefacenti che si promuove direttamente o indirettamente il commercio illegale di armi leggere, l'industria dei rapimenti, il contrabbando, la corruzione e altre attività illegali.

Nella regione in cui convergono i confini di Bolivia, Cile e Perù, conosciuta come la "Triple Frontera Andina" (Triplice Frontiera Andina), area che comprende le fasce territoriali della regione cilena di Arica e Parinacota, il dipartimento peruviano di Tacna e il dipartimento boliviano di Oruro e Potosí, la sfida alla sicurezza è legata al problema della permeabilità delle aree di confine tra i tre paesi sudamericani e, dalle enormi limitazioni al effettivo controllo della zona da parte delle forze preposte al controllo della legalità .

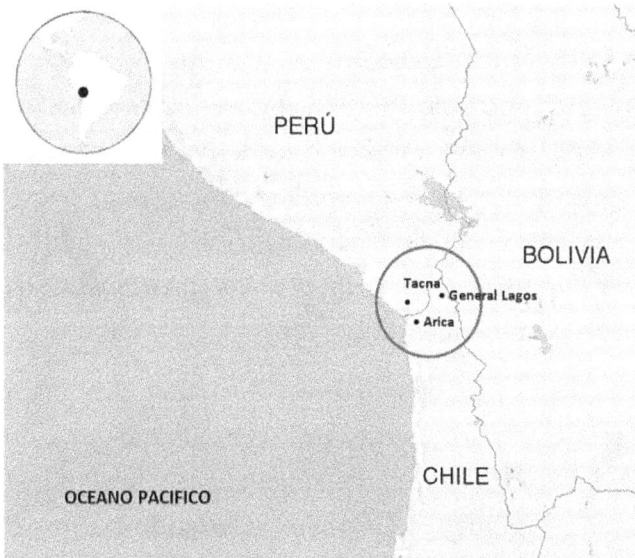

Triple Frontera Andina (Fonte: Archivio Personale Salvatore Pittorru).

Questa permeabilità, in cui le caratteristiche orografiche della regione costituiscono un elemento fondamentale, ha creato da sempre una serie di problematiche alla sicurezza legata ad attività criminali quali l'immigrazione clandestina, il contrabbando, il traffico d'armi e soprattutto, il traffico di stupefacenti, tenendo in considerazione che Bolivia e Perù, insieme alla Colombia, sono tra i tre principali produttori di cocaina al mondo.

Gli effetti deleteri del narcotraffico non si manifestano solo in Bolivia e Perù ma anche nei paesi con cui condividono le vaste distese di confine, come il Cile, entrato da tempo in questo gioco perverso diventando un punto di transito per i grandi carichi di cocaina provenienti dai paesi confinanti e diretti verso gli Stati Uniti.

Nella area della Triplice Frontiera Andina si osserva una forte attività di contrabbando su tutte le direzioni, soprattutto lunga quella che si muove sulla direzione Cile -Bolivia, sfruttando la zona di libero scambio di Iquique e, attraverso passaggi clandestini, lungo la regione che confina con le zone dove viene prodotta la coca, regione di confine in cui si riscontra una bassa densità di popolazione e, una bassa presenza statale.

Per il Governo cileno, nella regione di Arica e Parinacota, i comuni di Camarones, Putre e General Lagos, confinanti con la Bolivia sono considerati zone isolate, con un alto tasso di povertà.

Anche dall'altro lato del confine, nell'altopiano boliviano lungo nelle zone di confine con il Cile e il Perù, si riscontrano le comunità di maggiore povertà del Paese. Stesso discorso per il Perù, dove da sempre le aree di Puno (sul Lago Titicaca), Tarata e Tacna, in cui la popolazione locale è costituita soprattutto dagli indios Aymara, sono catalogate come zone in forte stato di arretratezza.

La regione della triplice frontiera andina è da tempi un luogo di incontro di nazionalità diverse ma, con identità etniche condivise, fattori che hanno cementato i rapporti tra le varie comunità indigene, principalmente Aymara e Atacameñas, i quali hanno creato nei secoli molteplici rotte indigene, che si snodano tra le catene montuose e gli altopiani, in cui da sempre si sviluppano itinerari migratori, commerciali e di pascolo.

Su questa rete sentieristica che si snoda attraverso l'intera regione, punto di vitale importanza è il valico terrestre di Santa Rosa sul confine peruviano e Chacalluta in Cile, considerato il secondo valico internazionale più trafficato del Sud America.

Attraverso questo valico ai giorni nostri, si snoda la rotta migratoria peruviana per spostarsi via terra verso le regioni meridionali del Cile e l'Argentina, inoltre attraverso questo valico, passa l'itinerario della migrazione boliviana che si sposta verso le regioni cilene di Tarapacá e Antofagasta.

E su questi itinerari ancestrali che i narcotrafficanti, approfittando dello status di arretratezza e povertà in cui versa la popolazione locale, hanno sviluppato gran parte del loro traffico illegale dalle zone in cui viene coltivata prodotta la coca verso la costa cilena e successivamente verso l'America centrale, ultimo step prima del grande salto verso le coste statunitensi.

La maggioranza dei carichi viaggia lungo rotte marittime in Oceano Pacifico ma, spesso molti carichi una volta arrivati in uno dei paesi che costituiscono il centro america, vengono trasferiti con un viaggio "coast to coast" dalla costa pacifica a quella caraibica, dove una volta imbarcati su mezzi navali, vengono trasportati verso il Nord America.

Confine tra Bolivia e Cile (@ Photo by Tomas Bradanovic).

CAPITOLO 4
L'ATTORE PRINCIPALE DEL NARCOTRAFFICO: COLOMBIA

1. IL NARCOTRAFFICO IN COLOMBIA

Oltre il 90% delle piantagioni mondiali di coca si trovano in Colombia, Perù e Bolivia, il che rende questi paesi cruciali per il traffico internazionale di droga. Tra questi, la Colombia è il primo paese produttore di cocaina al mondo in cui, dopo un periodo in cui la produzione si era praticamente dimezzata, la coltivazione della pianta ha ripreso slancio facendo si che negli ultimi anni la Colombia stia producendo più cocaina che in tutta la sua storia, facendo aumentare il volume del narco traffico verso i paesi consumatori.

Oggi il commercio di cocaina in Colombia è più vivace che mai, con produzioni a livelli record e sfruttamento di nuovi mercati internazionali. Ragione principale di questa situazione è dovuto soprattutto al miglioramento e diversificazione della produzione avvenuto negli ultimi anni. I narcos hanno ora una varietà di foglie di coca che, secondo il Dipartimento degli Stati Uniti, è cinquanta volte più produttivo e resistente al glifosato, diserbante utilizzato per distruggere le piantagioni di coca.

Foglie di coca (Fonte: Archivio Personale Salvatore Pittorru).

Questa nuova varietà di foglie proviene da piante modificate per migliorarne la resistenza attraverso una modificazione genetica la quale, ha prodotto varietà ibride che possono essere seminate anche in zone aride, aumentando così le aree territoriali in cui è possibile coltivarla. Inoltre, i coltivatori hanno anche appreso che la coca preferisce avere un po'd'ombra.

Questa nuova conoscenza ha prodotto la consociazione della pianta della coca con altre piante contribuendo a migliorarne la produzione e, essendo essa mimetizzata con altre tipologie di colture legali, ad eluderne il rilevamento dall'alto da parte dei mezzi aerei delle Forze armate colombiane.

Secondo il rapporto SIMCI (Integrated Illicit Crop Monitoring System) dell'Ufficio delle Nazioni Unite contro la droga e il crimine (UNODC) nel 2021, la coltivazione di coca è aumentata del 43% e la produzione potenziale di cocaina del 14%. La coltivazione della coca ha raggiunto i 204.000 ettari nel 2021 dai 143.000 ettari del 2020, invertendo la tendenza al ribasso osservata nei tre anni precedenti.

La produzione potenziale di cocaina, nel frattempo, ha continuato la sua recente tendenza al rialzo per raggiungere le 1.400 tonnellate nel 2021 contro le 1.228 tonnellate nel 2020. Il principale dipartimento di coltivazione della coca è Nariño, regione meridionale della Colombia bagnata dall'Oceano Pacifico e confinante con l'Ecuador. Il Dipartimento di Nariño, oltre alla sua posizione geografica, possiede un requisito importante necessario per coltivare la coca in quanto ha facile accesso ad un elemento fondamentale richiesto per la trasformazione delle foglie di coca in pasta: il carburante, acquistato nel vicino Ecuador ma, soprattutto prelevato in maniera illegale direttamente dall'oleodotto Transandino, che attraversa il dipartimento. Altra zona in cui la coltivazione è molto forte è Catatumbo, nel dipartimento di Norte de Santander, al confine con il Venezuela. Questa area è la più economica in assoluto per produrre cocaina. Le condizioni di coltivazione sono perfette, con la più alta resa di alcaloidi del paese vale a dire oltre sette chili per ettaro. Inoltre il carburante, proveniente dal Venezuela è praticamente gratuito.

A questo si aggiunge la presenza dei guerriglieri dell'Esercito di Liberazione Nazionale e dei dissidenti delle FARC i quali continuano a proteggere e regolamentare l'industria della droga nell'area. Ad oggi, in questi due dipartimenti, insieme a Putumayo, viene coltivata più della metà della coca dell'intero prodotta nel paese sudamericano.

Il traffico di droga in Colombia, soprattutto per quanto riguarda la cocaina, è da quaranta anni il più grande generatore di risorse economiche per le organizzazioni criminali e le formazioni guerrigliere marxiste dell'ELN e soprattutto delle FARC all'interno delle quali, nonostante gli accordi di pace del 2016 con il governo, ha visto nascere al suo interno alcune fazioni che non hanno deposto le armi, proseguendo la lotta armata contro le istituzioni e continuando a ricoprire un ruolo di attori principali di questa attività criminale, dando vita ad un nuovo fenomeno denominato "narco guerriglia".

Quindi, gli attori coinvolti in questo confronto è multiplo, tutti quanti, con modi diversi, sostengono il traffico di stupefacenti e altre forme di criminalità organizzata collegate ad esso, con lo scopo di aumentare il loro potere.

Spesso il traffico di droga è servito per come mezzo per raggiungere risultati politici ed economici ben precisi come nel caso degli ex gruppi di autodifesa paramilitari delle AUC, Autodefensas Unidas de Colombia

Per tal motivo, nonostante lo smantellamento dei grandi cartelli criminali di Medellin e Cali, il potere e la presenza del traffico di droga in Colombia continua senza sosta. Il vuoto lasciato dai due cartelli guidati da Pablo Escobar Gaviria e dai Fratelli Rodríguez Orejuela, è stato coperto da una nuova generazione di narcotrafficanti, divisi in una moltitudine di piccoli gruppi.

La nuova generazione narcos è molto diversa dalla precedente, avendo imparato molto dagli errori commessi nel passato che hanno portato alla disarticolazione dei vecchi cartelli.

Quarant'anni dopo l'industrializzazione del traffico di droga da parte di Pablo Escobar, i nuovi trafficanti conducono i loro affari multimilionari fuori dai radar, in modo da non attirare l'attenzione. I nuovi signori della droga colombiani si sono resi conto che la loro migliore protezione non è un esercito privato, ma l'anonimato. Per questo, a differenza di chi li ha preceduti, vivono in maniera discreta in modo da passare inosservati. Sono molto più cauti, meno esibizionisti, lontani dai ritmi sociali dell'élite sociale e della politica.

Possiedono un portafoglio diversificato di aziende legalmente costituite che operano in diversi campi e, grazie ad una profonda conoscenza dei mercati finanziari mondiali, riescono a muovere grosse quantità di denaro, rendendo impossibile distinguere il denaro proveniente dalle attività illecite da quello proveniente dalle attività commerciali legali.

Queste nuove leve costituiscono la quarta generazione di narcotrafficanti colombiani i quali, a causa del basso profilo adottato, sono stati denominati "Los Invisibles" (gli invisibili). Le nuove leve dei narcotrafficanti colombiani, a differenza del passato, si caratterizzano per due nuovi concetti. Da un lato, la tendenza alla "democratizzazione" del business della droga, dall'altro, una maggiore integrazione delle reti criminali nella globalizzazione. Le organizzazioni criminali nate dopo lo smantellamento degli storici cartelli di Medellin e Cali, si sono adattate ai cambiamenti della società prodotta dalla globalizzazione con incredibile audacia e capacità di apprendimento. I nuovi trafficanti di droga operano ormai seguendo le tendenze della flessibilità, decentramento e adattabilità.

La nuova politica criminale è quella di frammentare il processo di produzione ed immissione sul mercato della cocaina, in maniera da rendere difficile il compito di identificare e caratterizzare queste nuove organizzazioni e i loro membri da parte delle forze di polizia.

Questo nuovo modus operandi ha influito sulla gestione delle sei fasi che costituiscono la catena del narcotraffico: coltivazione, lavorazione della foglia di coca per ottenere la pasta o base, cristallizzazione della materia prima o produzione di cocaina, trasporto ed esportazione del prodotto, distribuzione, ottenimento del contanti o reinvestimento dei profitti.

Nell'era dei cartelli di Medellin e Cali, queste fasi erano coperte, praticamente nella sua interezza, dalle due organizzazioni. Con le nuove leve, le fasi molto spesso sono svolte da varie organizzazioni indipendenti.

Oggi, i cartelli criminali mantengono una struttura ridotta. Dipendono quasi interamente dal subappalto di gran parte della loro attività ad altre cellule o anelli della rete, che rappresentano il secondo ed il terzo livello del sistema.

I membri dei cartelli può essere costituito da "personale di sicurezza", ma spesso è costituito solo da contabili e avvocati, che supportano l'attività, e da una serie di assistenti che fungono da intermediari. L'unica attività che i trafficanti di droga gestiscono direttamente sono le rotte lungo cui vengono trasportati i carichi di cocaina: marittime, terrestri ed aeree, le quali rappresentano l'anello fondamentale della attività criminale e delle relazioni con i clienti.

All'interno della struttura criminale, gli intermediari sono tra gli attori più importanti poiché costituiscono i ponti tra i diversi livelli della rete e subappaltano servizi.

Questi intermediari negoziano l'acquisto della base di coca con agenti locali in diverse regioni di coltivazione di coca del paese, negoziano con gli attori territoriali il trasferimento della base stessa verso ii laboratori di cristallizzazione, negoziano con le cellule specializzate dei laboratori che lavorano la base di coca per trasformarla in cocaina, negoziano con altri gli attori territoriali la garanzia dell''arrivo del carico di cocaina ai punti di uscita e la consegna sicura ai coloro che si occupano del trasporto internazionale.

Operando in questa maniera, i vari intermediari coinvolti nel processo, assicurano che i capi, i cosiddetti "Los Invisibles", rimangano fuori dalle normali operazioni riguardanti il narco traffico.

Questa frammentazione del processo fa guadagnare in discrezione, facilitando così la mobilità del prodotto, rendendo più complicato identificare gli attori coinvolti e quindi, la disarticolazione del traffico da parte delle Autorità preposte alla lotta di tale fenomeno criminale.

Sicuramente con questo nuovo processo il livello di reddito è diminuito rispetto al passato ma è aumentato di molto il livello riguardante la sicurezza delle operazioni del cartello e dei membri che lo costituiscono. Essendo meno rilevabili è più difficile colpire le loro semplici strutture meno gerarchiche rispetto alle vecchie. Quando un anello viene individuato e disarticolato, l'intera catena non viene colpita, garantendo così la "continuità operativa", permettendo all'organizzazione di continuare a erogare il prodotto e i vari servizi collegati.

Dopo gli intermediari, altro anello che costituisce la catena del narcotraffico sul territorio colombiano sono gli "attori territoriali", costituite da strutture criminali che si muovono all'interno di un territorio definito sui cui hanno il pieno controllo.

Tra i più conosciuti e preparati, con una certa capacità militare, troviamo i guerriglieri delle FARC che non hanno aderito agli accordi di pace tra l'organizzazione rivoluzionaria ed il governo colombiano, Los Urabeños o Clan del Golfo e altri vari attori criminali con minor capacità operativa.

Tali attori operano nelle aree di coltivazione della coca, proteggendone i campi e i laboratori in cui avviene la lavorazione della sostanza. Inoltre si occupano della protezione dei carichi durante il trasporto verso i punti di raccolta da dove successivamente partono le spedizione verso l'estero. La maggior parte dei casi di violenza in Colombia associate al narcotraffico dipendono in gran parte dalle controversie e dispute territoriali che avvengo tra questi attori territoriali.

Terzo ed ultimo anello della catena che costituisce il narcotraffico colombiano è costituito da una forza lavoro criminale, manovalanza di basso livello composta da subappaltatori specializzati, sicari e bande di quartiere.

Alcuni di questi elementi svolgono funzioni specializzate, come le squadre che gestiscono i laboratori di cristallizzazione e sicari in grado di operare sia in Colombia che all'estero.

La maggior parte di questi personaggi appartenenti all'ultimo gradino della catena è composta soprattutto da criminali assunti a contratto, impiegati per svolgere i lavori più sporchi, come proteggere il carico o commettere omicidi.

Il fenomeno del narcotraffico è da sempre caratterizzato da dinamiche mutevoli, contro le quali le istituzioni statali colombiane dedite al contrasto di tale attività criminale sono, nel corso degli anni, riuscite ad evolversi, mettendo sul campo strategie sempre più operative che hanno permesso di ottenere risultati vincenti in termini di eradicazione, interdizione e smantellamento di alcune organizzazioni dedite al traffico di droga.

Questa fase vincente messa in atto dai vari governi che si sono succeduti alla guida del paese, ha costretto molti narcos locali a spostarsi verso altri paesi centro/sud americani, creando piccole reti criminali nei paesi di adozione e mettendo in piedi nuovi laboratori clandestini per l'estrazione di alcaloidi (base di cloridrato di cocaina).

Nel cercare posti sicuri dove rifugiarsi e creare nuovi laboratori di cristallizzazione della cocaina, alcuni leader hanno spesso scelto luoghi nelle aree di confine della Colombia, soprattutto in aeree in cui determinate condizioni geografiche come la presenza di corsi d'acqua e corridoi stradali facilmente accessibili, dove vi è una scarsa presenza dello Stato, permette di muoversi facilmente eludendo i controlli delle autorità.

Come accennato in precedenza, il fenomeno del narcotraffico è sempre stato caratterizzato da dinamiche soggette a cambiamenti repentini, per cui da qualche anno i narcotrafficanti colombiani hanno deciso di cedere ai potenti cartelli messicani gran parte delle spedizioni della cocaina verso il mercato statunitense.

Questa nuova politica adottata dai colombiani, non è stato un segno di debolezza come molti erroneamente pensano, ma piuttosto un'abile mossa commerciale figlia di scelte strategiche ed economiche.

La ragione strategica per cui i cartelli colombiani hanno appaltato l'export della cocaina deriva dal fatto che essi preferiscono passare inosservati usando un profilo il più basso possibile ed, essendo le rotte sui cui si sviluppa il narcotraffico di nuovo molto controllato dalle varie Marine Militari adibite al contrasto dell'attività criminale, questo non sarebbe più possibile.

La scelta economica invece deriva dall'essersi resi conto che si possono ottenere maggiori dividendi vendendo la cocaina in altri continenti, soprattutto l'Europa ma, anche verso paesi emergenti in Africa ed Asia.

Secondo le stime di alcuni ricercatori, un chilo di la cocaina in Colombia ha un prezzo compreso tra 2.000 e 3.000 dollari, a cui vanno aggiunti i costi richiesti per il suo traffico, che comprende tangenti ai funzionari portuali, pagamenti ai trasportatori e tasse per i criminali che ricevono il prodotto una volta giunto a destinazione.

Il costo per portare un chilo di cocaina nella Repubblica Dominicana, che è il principale punto di trasbordo dei container nei Caraibi, è stimato intorno ai 1.400 dollari. I prezzi all'ingrosso vanno da 20.000 a 25.000 dollari al chilo negli Stati Uniti.

In Europa un chilo di cocaina vale di più 35.000 dollari, in Cina 50.000 dollari e in Australia 100.000 dollari.

Analizzando questi numeri è di facile comprensione il motivo per cui i narcotrafficanti colombiani hanno deciso di sviluppare il loro business verso altri continenti consegnando il mercato nordamericano ai cartelli messicani.

Sempre alla costante ricerca da parte dei cartelli della droga, di mercati diversi dove collocare l'enorme produzione di cocaina si aggiungono, d'altra parte, come abbiamo visto in precedenza, le strutture di traffico di droga che i trafficanti colombiani hanno trovato in Venezuela, a causa della permissività delle autorità di questo paese e dell'aggravarsi della crisi che colpisce la tua società.

2. COLTIVAZIONE, PRODUZIONE E LAVORAZIONE DEL PRODOTTO: DALLA FOGLIA DI COCA AL CLORIDRATO.

Come ogni prodotto di origine vegetale, la cocaina richiede la coltivazione, un primo processo di trasformazione e di lavorazione fino al prodotto finale pronto per essere immesso sul mercato. La pianta della coca è pronta per essere raccolta dopo tre mesi dalla semina. Per cui un terreno coltivato con questa pianta produce quattro raccolti all'anno. La raccolta viene fatta di contadini o da addetti chiamati "Raspachines" che hanno il compito di esfoliare le piante. Ogni anno un ettaro di terreno coltivato con la pianta della coca rende circa 5.500 chilogrammi di foglie.

Foglie di coca (Fonte: Archivio Personale Salvatore Pittorru).

Una volta raccolte le foglie, inizia la trasformazione in cloridrato. La foglia viene macerata con prodotti chimici, ottenendo nella prima fase la pasta di coca la quale, dopo essere lavorata con dei prodotti chimici, diventa la base di coca. I prodotti chimici usati per la lavorazione sono acetone, alcool di acetone, acido solforico, solvente alifatico 1020, acido cloridrico, acetato di etile, esano ed etere etilico.

Generalmente i laboratori dove avviene la lavorazione della coca, sono costituti da appezzamenti di terreno di circa quattro metri quadrati, adiacenti ai campi in cui avviene la coltivazione della pianta, ricoperti quasi sempre di teli di plastica nera. In determinate aree non è difficile individuare l'ubicazione di questi laboratori, in quanto la presenza sul territorio è generalmente determinata dal forte odore di carburante utilizzato per la lavorazione e dalla presenza in loco di grossi serbatoi di plastica.

Una volta terminata la lavorazione, la pasta o base viene confezionata in sacchi o buste di plastica e trasportata dai contadini nei punti dove viene acquistato dai rappresentanti delle organizzazioni criminali dedite al narcotraffico, i quali successivamente lo trasportano verso altri laboratori situati in zone remote all'interno della selva colombiana dove, il prodotto grezzo, attraverso il processo di "cristallizzazione", viene trasformato in cloridrato di cocaina.

Queste strutture clandestine adibite alla trasformazione della pasta di coca, sono di solito attivate all'arrivo del prodotto grezzo ed utilizzate per circa due settimane al termine delle quali, vengono abbandonate o disattivate fino ad un eventuale nuovo ciclo produttivo.

L'ubicazione di esse è gelosamente protetta dalle organizzazioni criminali. Alcune di esse sono state costruite sottoterra per evitare di essere scoperti dall'esercito colombiano, forza armata predisposta al contrasto del narcotraffico all'interno del paese sudamericano.

Questi laboratori clandestini sono quasi sempre costituiti da una struttura centrale in cui si trova l'impianto di produzione, un magazzino per gli approvvigionamenti, una la centrale elettrica costituita da uno o più generatori, un deposito carburante, l'alloggio per il personale addetto alla lavorazione e operatori per la sicurezza, una cucina con mensa e, elemento più importante, un deposito dove stivare la base di coca e il cloridrato di cocaina.

Durante l'intero ciclo produttivo, il personale addetto al processo è confinato all'interno della base con il divieto assoluto di allontanarsi da essa. In queste strutture è permessa la visita solo ai potenziali acquirenti autorizzati dalla organizzazione criminale.

Generalmente la sicurezza della struttura è gestita direttamente dal cartello ma, nei territori in cui sono presenti altri gruppi criminali o appartenenti alla guerriglia, la sicurezza dell'intero perimetro è demandata ad essi, dietro pagamento di una percentuale per ogni chilogrammo di cloridrato di cocaina.

Una volta terminato il processo di produzione, nella catena del narcotraffico colombiano si inserisce un nuovo anello: i "trasportatori", vale a dire i personaggi incaricati di trasportare la sostanza stupefacente dai laboratori clandestini situati nella selva, verso i centri di raccolta vicino alla costa, porti o aerei, da dove successivamente sarà inviato all'estero.

Questi elementi incaricati del trasporto possono essere gli stessi membri appartenenti ai cartelli o essere semplici *contactors* indipendenti ingaggiati per l'occasione.

I trasportatori utilizzano tre tipologie di percorsi interni alla Colombia:

- fluviali verso la costa caraibica o pacifica

- fluviale, verso i confini terrestri del Paese

- terrestre, verso la costa caraibica o pacifica (generalmente verso porti e aeroporti clandestini)

3. NARCOTRAFFICO. PROCESSO ORGANIZZATIVO ED OPERATIVO

Il narcotraffico come attività, per avere successo, si basa su un attenta e profonda pianificazione di qualsiasi operazione, dalla coltivazione, alla produzione del cloridrato di cocaina, al trasporto all'interno del paese, alla esportazione e alla vendita all'ingrosso. Tutto questo richiede un processo organizzativo in cui ogni dettaglio viene profondamente studiato ed analizzato in maniera da individuare anelli deboli della catena che potrebbero essere letali. In tutti sensi.

Durante questo processo i narcotrafficanti si avvalgono di tutti i mezzi disponibili su campo, sia essi siano umani, sia essi tecnologici. Per loro vale la classica frase di Macchiavelli: "il fine giustifica i mezzi".

Sono molti gli elementi che costituiscono questo processo, maglie della catena organizzativa messo in atto da trafficanti ma, qualcuno di esso riveste una fondamentale importanza, senza il quale l'intero processo potrebbe saltare.

Essi sono:

• Reclutamento di agenti statali

Le organizzazioni criminali, grazie il loro forte potere economico, riescono ad ottenere tutte le informazioni operative sulla posizione delle unità navali della Marina Colombiana, orari di servizio e area di pattugliamento. Le informazioni sono ottenute tramite la corruzione di dipendenti delle diverse agenzie statali colombiane, che direttamente o indirettamente hanno accesso a tali informazioni riservate.

• Intelligence Navale

Questa misura utilizzata dai cartelli criminali consiste nell'inviare diverse imbarcazioni nell'area in cui dovranno navigare i mezzi navali dei narcos con il fine di stabilire l'ubicazione esatta delle unità militari durante le loro operazioni di pattugliamento anti narcos. Questo controllo del territorio da parte dei narcos si svolge nello stesso orario e sullo stesso percorso su cui il mezzo navale navigherà con a bordo la cocaina. Oltre che usare proprie imbarcazioni, i narcotrafficanti utilizzano anche la collaborazione di pescherecci di altura, i quali durante le normali operazioni di pesca, informano i narcos sulla eventuale presenza di unità militari.

• Utilizzo di diversivi

I narcotrafficanti usano vari espedienti con il fine di confondere le unità navali durante le fasi di pattugliamento atte a contrastare il narcotraffico. Per raggiungere questo obiettivo, spesso utilizzano di diverse imbarcazioni, di solito tra le tre e le cinque che partono dalla stessa località nello stesso momento ma, con rotte e velocità diverse. Tra queste, solo una uno di loro è quello che a bordo ha un carico di cocaina. Un altro modo utilizzato dai narcotrafficanti per confondere le forze dell'ordine, è quello di comunicare, due /tre giorni prima della partenza del carico, false informazioni ripetute per giorni, indicanti una località di partenza ed orari non reali. Inoltre, in alcune aree della Colombia i narcos usano polvere da sparo per nascondere il rumore dei motori di una imbarcazione nel momento in cui lascia la costa con il carico a bordo.

• Disciplina delle comunicazioni

I narcotrafficanti, con il fine di ridurre il rischio di essere rilevati dalle autorità utilizzano l'comunicazioni criptate evitando di utilizzare qualsiasi comunicazione con altri mezzi tecnologici come cellulari, dati, telefoni satellitari o radio in banda HF/VHF.

• Orari di partenza determinati

Questa misura consiste in stabilire l'ora di partenza del mezzo navale carico di narcotico secondo le fasi di marea, sia nel punto di partenza, sia nel punto di arrivo. Questa analisi include la eventuale presenza di maree e le fasi di essa nelle aree in cui è stata riscontrata la presenza di unità navali le quali, a causa di queste maree possono avere una manovrabilità limitata. Questa situazione si verifica soprattutto nelle acque interne di una baia, canali, estuari di fiumi e zone di navigazione ristrette.

• Compartimentazione

Durante le varie fasi di trasporto della droga, i narcotrafficanti usano la cosidetta "compartimentazione", in modo tale che i vari attori criminali che partecipano ad una fase, normalmente non hanno contatti tra di loro. Con questo stratagemma, riescono a limitare le informazioni alla maggior parte delle persone coinvolte nella operazione, circoscrivendole solo a ciascuna fase, rendendo così più difficile la fuoriuscita di informazioni che potrebbero essere di aiuto per le autorità preposte al contrasto del traffico illecito.

4. GLI ATTORI DELLA DROGA COLOMBIANI. CARTELLI CRIMINALI, PARAMILITARI, GUERRIGLIERI

• Autodefensas Unidas de Colombia

Le Autodefensas Unidas de Colombia - AUC, nate nel 1997, sono state una coalizione paramilitare colombiana costituita da un insieme di gruppi di estrema destra e squadroni della morte locali. Lo scopo dichiarato delle AUC era di consolidare e proteggere le condizioni economiche e sociali di diverse aree della Colombia ma, in realtà esse usavano il conflitto per nascondere le loro varie attività economiche criminali come il traffico di droga, appropriazione illegale di terreni, rapimento ed estorsione. Le Autodefensas Unidas de Colombia sono state considerate un'organizzazione di stampo terroristico da molti paesi, tra cui gli Stati Uniti e l'Unione europea. L'UAC è arrivata ad avere tra le sua fila circa 30.000 soldati ed a operare in circa il 60% del territorio colombiano, con una presenza particolarmente forte nella regione di Urabá, situata sulla costa caraibica, nel nord-ovest della Colombia vicino al confine panamense. Nel 2006, l'UAC e il governo colombiano, dopo trattative durate diversi anni, hanno firmato un accordo di pace che ha portato allo scioglimento delle AUC, con la susseguente smobilitazione di quasi tutti i numerosi fronti della organizzazione paramilitare.

Però molti ex militanti non si sono consegnati, dandosi alla latitanza, molti altri invece, dopo una iniziale adesione a agli accordi con il governo centrale, hanno successivamente abbandonato il processo di pace dandosi anche essi alla clandestinità, soprattutto il blocco Nord delle UAC il quale, seguendo una strategia voluta dai comandanti, ha cercato di non perdere il controllo di importanti attività illegali, tra cui il contrabbando di benzina e soprattutto il traffico di droga. Da allora questi " gruppi ribelli" hanno iniziato ad operare sotto nuovi nomi dedicandosi completamente ad attività illegali. Queste nuove entità, considerate a tutti gli effetti bande criminali o BACRIMs (acronimo spagnolo di bandas criminales) sono gli Urabeños, i Rastrojos, ERPAC, i Paisas, i Machos, gli Aguilas Negras e Renacer, ed altri ancora.

Queste bande criminali sono solo le più potenti ma, altre di minore entità sono nate dalla dissoluzione delle UAC e da nuove alleanze. Solo nel parte settentrionale della Colombia, precisamente nei dipartimenti di Cesar, Magdalena e La Guajira, è stata censita la presenza di diversi gruppi armati, tra questi il

Frente de Contrainsurgencia Wayúu, il Frente Arhuaco, Autodefensas Campesinas Independientes, Los Nevados, Autodefensas Gaitanistas de Colombia, il Grupo Armado Ilegal Codazzi, il Grupo Armado Ilegal Cesar, il Grupo Armado Ilegal El Copey e il Grupo Armado Ilegal del Sur de César.

A questi gruppi vanno aggiunte le strutture armate stabilite a La Guajira, tra cui spiccano i Conoconitos, gruppo armato formato dalle famiglie Wayúu del clan Uriana; gli Aguaditos, formati da Wayuús del clan Jusayú e Los Curicheros, quest'ultimo, gruppo che controlla gran parte delle rotte di contrabbando nei dipartimenti di Cesar, Magdalena e La Guajira e che conta tra le sue fila circa 800 uomini.

Le attività di questa nuova criminalità organizzata sono soprattutto il traffico di droga, estorsioni, e rapimenti. Sono inoltre implicati in gravi violazioni dei diritti umani in quanto rei di attacchi a civili, in particolare attivisti e leader delle comunità indigene ed associazioni sindacali, in lotta per il riconoscimento dei loro diritti che, da queste parti vengono spesso ignorati o, addirittura calpestati.

Alcuni membri dell'UAC, invece hanno intrapreso una strada diversa. Una volta consegnate le armi, si sono riciclati, infiltrandosi in alcuni apparati dello stato e in alcuni partiti politici colombiani.

Durante il processo di negoziazione con lo stato, i comandanti paramilitari sono riusciti ha collocare comandanti intermedi altamente fidati in posizioni strategiche creando una specie di cellule dormienti. Una volta smobilitato il blocco del Nord, queste cellule sono state attivate per mantenere i rapporti di potere, il controllo della popolazione, rafforzare le alleanze e continuare a conquistare spazi sociali e istituzionali. La natura puramente criminale e frammentazione di tutti questi gruppi continua a produrre uno scenario complesso dovuto alla loro continua riconfigurazione.

Ogni giorno nascono nuove bande frutto di scissioni interne o, ne nascono delle nuove, figlie di nuove alleanze. Questo rende molta arduo il lavoro di censimento di esse da parte dei corpi dello stato in campo per combattere questa piaga che da decenni affetta la società colombiana.

• Il Clan del Golfo

Il Clan del Golfo, chiamato anche "Los Urabeños o Autodefensas Gaitanistas de Colombia" è un'organizzazione paramilitare Colombiana, impegnata in molte attività criminali ma, soprattutto nel narcotraffico. Ad oggi è considerata la più grande e potente struttura criminale del Paese. Tra i fondatori del cartello si contano numerosi ex leader paramilitari, provenienti in gran parte dalle Autodefensas Unidas de Colombia. Questa provenienza paramilitare ha aiutato molto l'organizzazione ad espandersi e consolidare il proprio controllo grazie alla ferrea disciplina militare, uno dei principali motivi di forza che contraddistingue il gruppo. Il cartello spesso ha reclutato personale proveniente ai più alti livelli della gerarchia militare colombiana, come generali e colonnelli.

Attualmente il Clan del Golfo è una organizzazione strutturata in modo complesso ed è considerata molto pericolosa in quanto annovera tra le sua fila un numero considerevole di combattenti stimati in circa quattromila unità, numero in continuo aumento grazie al fatto che varie fazioni di altri gruppi narco-paramilitari si sono alleate strategicamente con loro, a causa dell'indebolimento territoriale e militare di altre organizzazioni criminali. Il comando superiore ha dispiegato squadre di uomini armati e ben addestrati nelle varie aree rurali colombiane, vitali per le operazioni riguardanti il traffico di droga.

Una volta dislocate all'interno dell'area, il lavoro delle squadre, oltre alla protezione dei corridoi sui cui si svolge il traffico della droga, si incentra sul reclutamento di persone, principalmente coloro che ruotano nell'ambito dell'intelligence in grado di fornire informazioni sulle indagini condotte dalle varie agenzie preposte al contrasto del fenomeno.

Il Clan del Golfo, non può essere considerato un cartello classico, ma una specie di corriere, addetto soprattutto alla logistica per l'esportazione del cloridrato di cocaina.

Los Urabeños prelevano carichi da vari trafficanti di droga presenti nel paese e, grazie ad una rete ben organizzata, li traportano verso varie destinazioni internazionali, ricavando una commissione che oscilla tra il 15 al 20 percento dei proventi della spedizione.

Le basi operative del Clan sono collocabili nei dipartimenti di Antioquia, Chocó e Córdoba, soprattutto intorno al Golfo di Urabá, includendo le zone in lungo la costa caraibica in cui si trovano dei porti marittimi naturali o aree in cui viene acquistata la base di coca, come Caucasia o Tarazá. Nuclei operativi del Clan sono stati rilevati anche nei dipartimenti diLa Guajira, Cesar e Santander. Fonti di intelligence stimano la presenza del cartello in più di duecento comuni colombiani.

La presenza del Clan è stata registrata anche nella capitale e Bogotá ed a Medellín, in cui sono state costituite cellule criminali con il compito primario di reclutare informatori locali, soprattutto collaboratori in grado di informare sulle azioni di repressione pianificate dalle forze di sicurezza colombiane.

L'attività principale del Clan del Golfo è il narcotraffico, dove i membri dell'organizzazione si occupano soprattutto del controllo di macro aree territoriali affidando le fasi della distribuzione ad una rete costituita soprattutto da piccole bande di strada, le quali collaborano con la organizzazione sia nelle varie operazioni legate al traffico di cocaina sia ad altre attività criminali come, le estorsioni e gli omicidi selezionati.

Grazie all'utilizzo di queste bande criminali di basso livello, gli Urabeños sono stati in grado di mantenere sul campo piccole cellule selezionate costituite da uomini altamente disciplinati, responsabili di fasce sempre più ampie di territorio.

Un'applicazione di questa tattica, per esempio, permise al Clan di prendere con, l'aiuto di una rete costituita da piccole gang locali, il controllo di alcune zone della città di Medellin, spodestando l'allora Clan rivale locale denominato la "Oficina de Envigado", banda successivamente smantellata nel 2021 dalle autorità colombiane nell'ambito dell'Operazione Aguilas.

Per lo svolgimento della sua attività criminale, il cartello ha instaurato una alleanza strategica molto stretta con il potente Cartello messicano di Sinaloa diventandone il suo principale alleato. Secondo la Peace and Reconciliation Foundation, questo gruppo, anche grazie a questa collaborazione, controlla almeno il 45% delle spedizioni di droga nel mondo. Inoltre Il cartello ha uno rapporto molto stretto con la 'ndrangheta calabrese, con cui ha instaurato una collaborazione più che decennale per l'esportazione della cocaina verso l'Europa.

Ultimamente il potere degli Urabeños sembra diminuire, soprattutto dopo l'arresto e l'estradizione negli Stati Uniti del loro leader,

Dairo Antonio Úsuga, detto "Otoniel" avvenuto nel 2021 ma, nonostante questo ancora ad oggi controllano la maggior parte delle rotte del traffico di droga attraverso la Colombia settentrionale

• Los Rastrojos

Los Rastrojos sono un altro gruppo criminale colombiano costituitosi nel 2002, come braccio armato di Wilber Varela, alias "Jabon", uno dei principali leader del potente cartello di Norte del Valle, tra più potenti gruppi criminali colombiani operanti nel narco traffico che assunse rilevanza soprattutto dopo la seconda metà degli anni '90 a causa della frammentazione degli altri due grandi cartelli colombiani, il cartello di Medellín e il cartello di Cali.

Inizialmente, la roccaforte di Rastrojos si trovava nei dipartimenti della Valle del Cauca e del Cauca, lungo la costa del Pacifico Colombiano ma, nel 2006 iniziarono ad espandersi, prima verso le regione del caffè di Quindío, Risaralda e Caldas, successivamente verso il dipartimento di confine di La Guajira, nel nord della Colombia.

Nel periodo di massimo splendore riuscirono ad avere sotto controllo più di un terzo delle 32 province che costituiscono della Colombia.

Il gruppo riuscì persino ad espandersi ad Antioquia, in particolare nella sotto regione del Basso Cauca, dove, nonostante la presenza degli Urabeños, riuscì a controllare i laboratori di produzione e a controllare le principali rotte del traffico di droga nel nord del Paese.

Los Rastrojos sono stati per diversi anni un attore chiave nel panorama del narcotraffico non solo colombiano ma anche a livello internazionale venendo considerati la più grande organizzazione criminale del paese, mantenendo il potere su vasti territori della Colombia per molti anni, fino a quando, tra il 2012 ed il 2013, i loro leader principali si arresero o furono catturati e l'organizzazione quasi smantellata dalle forze dell'ordine colombiane con l'aiuto degli Stati Uniti. Da allora è incominciato un lento declino che ha portato il gruppo a rimanere al potere solamente nel Norte de Santander, il dipartimento di confine tra la Colombia ed il Venezuela area in cui presenza, sta diventando di giorno in giorno, sempre più debole.

Nonostante questa situazione, sfruttando la posizione geografica, riescono ancora trasportare grosse quantità di cocaina verso il paese confinante., che come abbiamo visto in precedenza è diventato un anello fondamentale nel traffico internazionale di cocaina verso il Nord America e l'Europa.

Si ritiene che attualmente ciò che rimane del cartello sia costituito solo da circa 60 membri e, che molto presto cessino di esistere come gruppo criminale ed essere assorbiti dagli storici nemici del Clan del Golfo.

• Ex FARC Mafia

Le ex FARC Mafia sono una serie di strutture criminali autonome emerse durante i negoziati di pace tra il governo colombiano e la guerriglia marxista-leninista delle FARC - Fuerzas Armadas Revolucionarias de Colombia, in particolare dopo la firma dell'accordo di pace stipulato nel 2016.

Le FARC sono sempre state uno degli attori principali della catena del narcotraffico, in quanto da questa attività illegale hanno ricavato i finanziamenti che hanno permesso loro di condurre la lotta armata contro lo stato centrale. Nel business della cocaina, l'esercito guerrigliero ha rappresentato un tassello fondamentale, ricoprendo nello stesso tempio l'importante funzione di regolatore e protettore.

Per le FARC, i produttori di coca e i raspachines non costituivano solo un importante serbatoio dove reclutare nuovi combattenti, ma anche gran parte del la sua base politica. Nei loro territori, le FARC fornivano servizi di protezione a tutti gli anelli della catena della produzione della cocaina, regolando il mercato, fissando i prezzi e riscuotendo varie tasse sul commercio del prodotto finale. Le FARC sono state anche i principali fornitori di base di coca, e talvolta di cocaina, di varie bande criminali colombiane, come Los Rastrojos e il Cartel del Golfo.

Dopo la smobilitazione della organizzazione paramilitare di estrema destra delle UAC, qualsiasi obiezione ideologica sul fatto che le FARC avessero rapporti commerciali con i successori di tale organizzazione, è sempre passata in secondo piano, in quanto tale rapporto è sempre stato giustificato come attività legata agli interessi dell'impresa e della lotta contro il governo colombiano.

In questa attività di fornitori di droga ai cartelli criminali, sono stati coinvolti soprattutto i fronti delle FARC presenti nei dipartimenti di Chocó (Frente 57), Nariño (Frente Daniel Aldana e Frente 29), Putumayo (Frente 48), Vichada (Frente 16), Valle del Cauca (Frente 30) e Norte de Santander (Frente 33). Per quanto riguarda la vendita della cocaina nella regione colombiana che affaccia sull'Oceano Pacifico e in Ecuador, i principali acquirenti dell'organizzazione sono stati i cartelli messicani, i fronti delle FARC al confine con il Venezuela invece hanno avuto vari acquirenti, inclusi funzionari corrotti dell'esercito venezuelano. Considerando il fatto che le Fuerzas Armadas Revolucionarias de Colombia, sono arrivate a controllare un territorio su cui veniva prodotto il 70 per cento dei raccolti della foglia di coca, controllando allo stesso momento sia i vari punti da cui veniva spedita la cocaina e le aree confinante con i paesi vicini, esse, sono state per un lungo periodo, l'attore più importante nella fornitura di cocaina a livello mondiale. Soprattutto dopo la caduta dei Cartelli di Medellin e Cali.

Nel dicembre del 2016, un gruppo dissidente composto di cinque leader delle FARC, composto soprattutto dal gruppo storico denominato Frente 1, dichiararono che non avrebbero consegnato le armi, come previsto dall'accordo di pace con il governo centrale e, insieme a circa altri 300 guerriglieri guidati da Néstor Gregorio Fernández, alias "Iván Mordisco", Miguel Botache Santillana, alias "Gentil Duarte" e Géner García Molina, alias "Jhon 40", rimasero nella giungla continuando la guerra rivoluzionaria.

Da allora, migliaia di membri, di ogni rango delle FARC hanno abbandonato il processo di pace per tornare ad attività illegali, rafforzando i diversi gruppi che costituiscono l'ex FARC Mafia, Con il tempo, i dissidenti si sono diffusi in gran parte della Colombia, partendo dalle iniziali campi militari a Guaviare fino a raggiungere Meta, Caquetá, Guainía, Vaupés e Vichada, stabilendosi lungo due delle principali rotte del traffico di droga nel sud-ovest della Colombia che collegano con Brasile e Venezuela. Attualmente questi gruppi sono presenti in almeno 20 dipartimenti colombiani e lungo i confini con Venezuela, Brasile ed Ecuador.

Secondo fonti dell'intelligence colombiana, i comandanti ribelli che non hanno aderito all'accordo di pace tra le FARC e il governo colombiano, hanno da sempre avuto profondi legami con i molteplici attori protagonisti del narcotraffico, sia all'interno della Colombia, sia all'esterno, in quanto la posizione gerarchica ed il potere che avevano all'interno dell'esercito guerrigliero, permetteva loro di controllare una parte significativa delle attività finanziarie della organizzazione rivoluzionaria. Questo li ha aiutati a riciclarsi nel narcotraffico, cercando di coprire, il vuoto di potere al centro del traffico di droga colombiano lasciato dalle FARC, diventando cosi per l'opinione pubblica colombiana non più dei guerriglieri ma "narco-guerriglieri"

La ex FARC Mafia non si può considerare una classica organizzazione strutturata, essendo costituita da vari gruppi autonomi che in molti casi non hanno una relazione tra loro, ma sono legati solo dalla provenienza dalla stessa formazione guerrigliera. Tutti hanno come obiettivo il controllo delle economie criminali come il traffico di droga e l'estrazione illegale di oro. Sebbene il numero di combattenti appartenenti ai vari gruppi ex FARC Mafia sia incerto, le stime attuali collocano la cifra a circa 2.500 membri.

L'intera rete ex FARC Mafia, nonostante la morte di alcuni suoi leader più influenti, rappresenta uno dei principali rischi per la sicurezza in Colombia, a causa della sua rapida crescita, del suo controllo di aree strategiche in tutto il paese e della sua capacità di colpire la popolazione civile, le forze armate e altri gruppi criminali. Tuttavia, come già menzionato, la caratteristica principale delle ex FARC Mafia è che non esiste come gruppo omogeneo, ma è un insieme di diversi gruppi con caratteristiche, interessi e prospettive diverse.

Ad esempio, il Frente Oliver Sinisterra (FOS), considerato il più violento dei gruppi dissidenti ex FARC a Nariño, si è diviso in gruppi più piccoli che attualmente si stanno combattendo tra loro per il controllo del narcotraffico nella zona, mentre altri gruppi, come il Comando di Frontiera a Putumayo e le Colonne Mobili di Jaime Martínez e Dagoberto Ramos a Cauca, si sono rapidamente rafforzati.

Considerando questo, ormai è chiaro che tutti questi ex gruppi FARC si stanno orientando per rientrare in strutture più grandi, senza però formarne una unitaria.

Gran parte di questa struttura già esiste, è il "Bloque del Sureste", formato da gruppi federati in cui ogni ognuno di essi, pur eseguendo operazioni di interesse per l'intera struttura, è indipendente.

Sebbene sia segnalata la presenza di questa struttura in diversi dipartimenti, le sue roccaforti criminali sono Guaviare, Meta, Caquetá, Amazonas, Guainía e Vichada, dove il Frente 1°, Frente 7° e Frente 16°, hanno il controllo totale sul di cocaina.

• Segunda Marquetalia

La seconda struttura dei dissidenti delle FARC è la "Segunda Marquetalia" fondata nel 2019 da uno dei più influenti ex leader delle Fuerzas Armadas Revolucionarias de Colombia, Luciano Marín Arango, alias "Iván Márquez", ex numero due della formazione rivoluzionaria, il quale, insieme ad altri capi storici della ex organizzazione guerrigliera come i leggendari comandanti Hernán Darío Velásquez, alias "El Paisa", Seuxis Pausías Hernández, alias "Jesús Santrich" e Henry Castellanos Garzón, alias "Romaña", con la scusa che il governo colombiano non aveva rispettato gli accordi di pace, hanno ripreso la lotta armata. Anche la Segunda Marquetalia, come gli altri gruppi dissidenti delle FARC, hanno deciso di continuare la loro attività nel narcotraffico, in quanto considerata come mezzo per autofinanziare la loro guerra rivoluzionaria contro il governo colombiano.

Nel 2021, tre dei suoi quattro fondatori, Jesús Santrich, El Paisa e Romaña, sono stati uccisi durante vari scontri armati avvenuti in diversi momenti. Incerta al momento è la sorte di Luciano Marin Arango, che secondo voci, mai confermate, sarebbe caduto durante dei combattimenti avvenuti durante l'estate 2022.

Le morti dei tre comandanti hanno gravemente indebolito la Segunda Marquetalia, con la conseguenza che, al momento, non è riuscita ancora analizzare ciò che si era prefissata nel momento della sua creazione e, sebbene avesse una forte presenza sul territorio, non ha conquistato la fiducia di molti gruppi dissidenti delle FARC

Attualmente la Segunda Marquetalia opera principalmente, apparentemente con il tacito assenso del governo venezuelano, nelle regioni montuose lungo il confine tra Colombia e Venezuela, dove controlla gran parte del traffico di cocaina tra il dipartimento colombiano di Arauca e il dipartimento venezuelano di Apure.

Sebbene abbia cercato di estendere la sua influenza in altre aree di entrambi i paesi, non è riuscita a recuperare gran parte del territorio criminale lasciato dalle FARC.

Non si sa molto delle dimensioni e delle attività di questo gruppo, nonostante i suoi leader siano tra i più noti e ricercati criminali della Colombia.

Solo l'adesione del 18° Fronte dell'Ex FARC Mafia, ha permesso alla Segunda Marquetalia di instaurarsi nei comuni del nord di Antioquia, come Ituango, e nella parte meridionale del dipartimento di Córdoba. Al momento questo sembra essere l'unico gruppo affiliato alla Seconda Marquetalia in altre aree della Colombia.

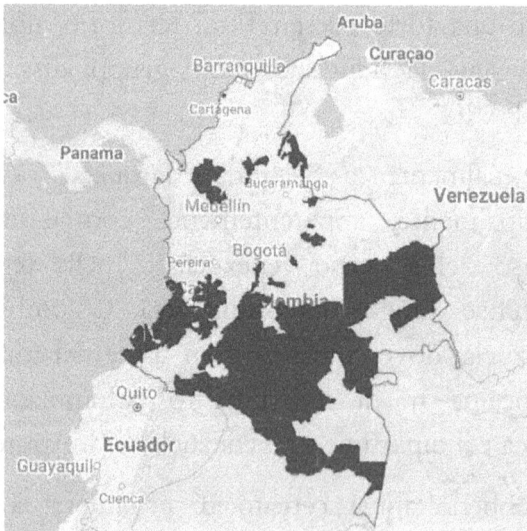

Aree in cui si svolge attualmente l'attività dei gruppi dissidenti delle FARC (Fonte: Archivio Personale Salvatore Pittorru).

• ELN - Ejercito Liberacion Nacional

L'Ejercito de Liberacion Nacional (ELN) è una delle principale organizzazioni guerrigliere in Colombia. Inizialmente, l'ELN era un movimento nazionalista influenzato dalla rivoluzione cubana, focalizzato sul rapimento, l'estorsione e l'attacco delle infrastrutture petrolifere. Sebbene per decenni abbia rifiutato l'idea di dedicarsi al narcotraffico come mezzo per autofinanziare la guerra contro lo stato centrale colombiano, negli ultimi anni ha cambiato strategia, facendosi anche esso, coinvolgere nel traffico di droga internazionale.

Gruppi dell'Ejercito de Liberacion Nacional si trovano in almeno 23 dei 32 dipartimenti in cui è strutturata la Colombia, con una presenza accertata in almeno 180 comuni.

Le principali aree in cui l'ELN opera sono i dipartimenti di Chocó, a nord -ovest del paese; Bolívar, al centro; a nord di Santander, nel nordcst e Arauca, ad est del paese. Inoltre controlla ampi territori del territorio Venezuelano e il suo confine con la Colombia. In misura minore, ma con posizioni strategiche, l'ELN è presente anche nei dipartimenti di Antioquia, Cesar, Cauca, Valle del Cauca, Nariño e Vichada.

Questi dipartimenti sono fondamentali per le loro colture di coca, produzione di cocaina o percorsi di contrabbando per Ecuador e Venezuela.

L'Ejercito de Liberacion Nacional, come tutti gli eserciti è strutturato in maniera piramidale. Questo permette alla organizzazione guerrigliera di controllare tutte le operazioni con grande efficienza. Al vertice della piramide si trova il Comando Centrale (COCE) composto da cinque comandanti. Dal COCE dipende la Direzione Nazionale (DINAL), composta da 23 rappresentanti provenienti dai vari fronti.

Attualmente, il comandante in capo dell'ELN è Eliécer Erlinto Chamorro alias "Antonio García", coadiuvato da Israel Ramírez Pineda, alias "Pablo Beltrán" comandante politico e capo dei negoziatori; Rafael Sierra, alias "Ramiro Vargas", responsabile degli affari internazionali, Jaime Galvis Rivera, alias "Ariel" Responsabile finanziario e Aníbal Giraldo, alias "Pablito".

A ciò si aggiunge la leadership degli otto fronti di guerra, le principali strutture di combattimento dell'ELN nelle aree sotto il loro controllo. Esse sono costituite da un comandante, un consigliere politico e un leader militare.

Attualmente gli otto fronti di guerra dell'Ejercito de Liberacion Nacional, sono:

- Frente de Guerra Norteoriental Manuel Pérez Martínez (FGNO) con influenza nei dipartimenti di Norte de Santander e dello Stato Venezuelano di Zulia,

- Frente de Guerra Norte(FGN) con influenza nei dipartimenti di La Guajira, Cesar, Magdalena y Atlántico.

- Frente de Guerra Oriental Manuel Vásquez Castaño (FGO) con influenza nei dipartimenti di Arauca, Boyacá y Casanare y el estado Apure, Venezuela;

- Frente de Guerra Suroccidental Carlos Alberto Troches Zuleta (FGSO) con influenza nei dipartimenti di La Guajira, Cesar, Magdalena e Atlántico.

- Frente de Guerra Jesús Darío Ramírez Castro (FGJDR) con influenza nel Dipartimento di Antiquia e Southern Bolívar;

- Il Frente de Guerra Central (FGC) con influenza nei dipartimenti di Tolima, Risaralda e Antioquia.

- Frente de Guerra Occidental Omar Gomez (FGO), con influenza nei dipartimenti di Chocó e Risaralda;

- Frente de Guerra Urbano Nacional Camilo Torres Restrepo (FGUN), con presenza nelle principali città del paese come Medellin, Barranquilla, Bogotá, Popayán, Neiva, Cúcuta, Villa del Rosario, Bucaramanga, Barrancabermeja, Ibagué E Cali.

Da tutte queste aree della Colombia e del Venezuela, l'Ejercito de Liberacion Nacional, tramite i vari fronti di guerra controlla gran parte o completamente il traffico di droga

Dopo la elezione come Presidente della Repubblica Colombiana di Gustavo Petro, ex appartenente al movimento rivoluzionario guerrigliero di sinistra M-19, avvenuta nel giugno del 2022, molte cose nel paese stanno cambiando, incominciando dalla trattativa di pace avviata dal governo con i vari gruppi guerriglieri ancora in attività.

L'Esercito di Liberazione Nazionale ha accettato questa proposta e, per agevolare la i negoziati ha dichiarato a partire dal 24 dicembre 2022 un cessate il fuoco unilaterale. Se un

accordo con il governo dovesse andar a buon
fine, molto probabilmente si avrebbero molti
cambi riguardanti il narcotraffico nei territori
attualmente sotto il controllo del gruppo
guerrigliero, cambi che si spera positivi e che
portino alla cessazione di tale attività criminale in
queste aree.

5. LA MAFIA ITALIANA: 'NDRANGHETA

La mafia italiana, con la 'Ndrangheta in prima fila, una delle organizzazioni criminali più potenti e pericolose al mondo, ha da tempo capitalizzato il boom della cocaina in Sud America assicurandosi un ruolo di tra gli attori principali e più influenti per quanto riguarda di traffico di droga dal Sud America all'Europa. Nel corso di diversi decenni, i clan della 'Ndrangheta sono diventati i principali alleati europei di alcuni dei più esperti trafficanti di cocaina dell'America Latina.

Tutto ebbe inizio negli anni '80, quando alcune famiglie associate all'organizzazione criminale calabrese iniziarono a investire in spedizioni di cocaina dalla Colombia agli Stati Uniti, organizzate da famiglie mafiose italiane negli Stati Uniti, in particolare Cosa Nostra. Questo grazie a Roberto Pannunzi intermediario indipendente che mise in contatto il Cartello di Medellín di Pablo Escobar con i clan mafiosi italiani di Cosa Nostra e 'Ndrangheta.

Pannunzi divenne un influente broker di cocaina, organizzando spedizioni di tonnellate di cocaina in tutta Europa. Venne arrestato in Colombia e successivamente estradato in Italia ma, questo non influì minimamente su gli affari della cosca. Infatti, sebbene la 'Ndrangheta inizialmente si avvalesse di questi collegamenti esterni ai cartelli colombiani, ben presto fu in grado di trattare direttamente con i loro, creando una propria rete di rappresentanti in Colombia.

Nel corso di diversi decenni, i clan della iNdrangheta sono diventati i principali alleati europei di molti cartelli criminali latino americani. Rappresentanti della organizzazione calabrese sono presenti dal Messico all'Ecuador, dalla Colombia al Brasile.

Negli anni '90 del secolo scorso, grazie all'incremento della richiesta di cocaina da parte del mercato europeo, la 'Ndrangheta sfrutto un asso della manica in loro possesso, vale a dire il porto calabrese di Gioia Tauro e, il controllo totale che l'organizzazione aveva su questa struttura portuale.

Il porto di Gioia Tauro divenne operativo nel 1995 e, subito la mafia calabrese vi stabilì una forte presenza attraverso il racket del lavoro e l'estorsione. Questo controllo del porto facilitò anche il traffico di cocaina, in quanto i clan potevano offrire ai cartelli criminali sudamericani un ingresso di carichi illegali sul territorio europeo, facendo diventare la 'Ndrangheta l'attore principale del traffico di cocaina sulla tratta Sud America - Europa. Una commissione parlamentare antimafia italiana di qualche anno fa, ha affermato che la 'Ndrangheta è arrivata a gestire fino all'80% dei trasporti di cocaina verso Europa. Negli ultimi due decenni, le forze dell'ordine italiane hanno intensificato gli sforzi di interdizione e le indagini penali intorno al porto, prendendo di mira i principali clan della 'Ndrangheta che vi operano. Nel 2021 la Guardia di Finanza ha sequestrato nel porto di Gioia Tauro, 13 tonnellate di cocaina, vale a dire il 97% di tutta la cocaina sequestrata in quell'anno in Italia corrispondente a circa il 20% di tutta la cocaina transitante sul territorio italiano.

Queste operazioni hanno fatto perdere a Gioia Tauro, gran parte della sua importanza come hub del narcotraffico a vantaggio di altri porti europei. in primis il porto di Anversa in Belgio e il porto di Rotterdam in Olanda. A conferma di questo basta pensare che nello stesso anno le autorità belghe e olandesi hanno sequestrato 89 tonnellate di cocaina ad Anversa e 70 tonnellate della sostanza a Rotterdam.

Molto più delle 13 tonnellate sequestrate nel porto di Gioia Tauro.

6. I CARTELLI MESSICANI

Da anni le organizzazioni criminali messicane, con i cartelli di Sinaloa, Juárez e Jalisco Nueva Generación in prima linea, sono i principali acquirenti e trafficanti della cocaina prodotta e gestita in Colombia dai cartelli criminali locali e da i gruppi armati appartenenti alla guerriglia ancora operativi nonostante l'accordo di pace con il governo. Attori di primo livello nel sistema internazionale del narcotraffico da tempo si sono stabiliti nel paese sudamericano creando proprie basi operative direttamente sul territorio in maniera di avere una collaborazione più stretta ed efficiente con i narcos colombiani.

Fonti di intelligence affermano che l'inizio di questa nuova politica da parte dei cartelli messicani è incominciata nel 2015. Soprattutto il Cartello di Sinaloa, il più attivo nell'area, ha instaurato molteplici legami di collaborazione in diverse regioni del Paese con vari attori locali legati al narcotraffico, in primis con l'ELN, i dissidenti delle FARC e il Clan del Golfo.

Con la smobilitazione delle FARC, i trafficanti di droga messicani avevano perso il loro principale fornitore di cocaina. Dopo l'allontanamento delle FARC dal controllo delle narco colture, le vie di uscita del traffico di droga sono finite sotto il controllo di molteplici attori armati, in guerra tra loro per il controllo dei territori abbandonati dai guerriglieri. Sono nati nuovi gruppi criminali molto più piccoli rispetto al passato che agiscono soprattutto a livello locale. Tra queste piccole entità criminali, le più attive sono la "Banda de La Local" a Buenaventura, la "Mafia Sinaloa" a Putumayo, la "Banda de los Mercenarios" a la Guajira, "Los Pelusos" nel Norte de Santander, "Los Caparrapos" nella regione del basso Cauca nel Dipartimento di Antioquia, " Los Puntilleros" nella regione de Los Llanos Orientales, la "Autodefensas Conquistadoras de la Sierra".

Questa frammentazione criminale ha costretto gli acquirenti messicani ad instaurare nuovi rapporti di collaborazione con chi sia in grado di fornire loro una determinata quantità mensile di cocaina, abbandonando l'idea di avere un solo fornitore come avveniva in passato.

Per ottenere questo, le organizzazioni criminali messicane, a partire dal potente cartello di Sinaloa si sono stabiliti in diverse parti del paese, cercando così di ottenere una fornitura costante di cocaina.

Questa nuova situazione ha costretto i narcotrafficanti messicani dei cartelli di Sinaloa e Jalisco Nueva Generación a rafforzare ancora di più i precedenti legami con alcune organizzazioni criminali presenti sul territorio del paese sudamericano ma, soprattutto creare propri gruppi, soprattutto nelle regioni caraibiche colombiane, con il fine di subappaltare a queste bande locali totalmente sotto il loro controllo, il trasporto di cloridrato di cocaina, dai laboratori situati all'interno della Colombia verso la costa, in primis verso i terminal portuali di Santa Marta, Barranquilla e Cartagena, garantendo così la una fornitura costante di cloridrato di cocaina.

Un esempio è stata la creazione da parte del Cartello di Sinaloa del gruppo denominato "JJ", con base a Tierralta, comune della facente parte del dipartimento di Córdoba, a cui si sono uniti diversi membri delle FARC smobilitati.

Spesso viene usato come via principale per il trasferimento della cocaina, il Rio Magdalena, la più grande e importante via d'acqua presente sul territorio colombiano, il cui estuario si trova nei pressi della città di Barranquilla. Per garantire l'uscita della merce dal territorio colombiano, i narcotrafficanti messicani, oltre la creazione di bande criminali locali, hanno dispiegato del loro personale direttamente nel paese sudamericano, con lo scopo di organizzare le operazioni. Gli emissari dei cartelli messicani sono sempre più presenti anche nei laboratori di cristallizzazione, dove effettuano controlli di qualità per garantire che la cocaina che stanno acquistando sia della massima purezza, inoltre, oltre a coordinare le spedizioni all'estero via mare o via aerea, in alcune zone finanziano direttamente la semina delle piantagioni di coca.

L'instaurazione prima e, il susseguente rafforzamento della presenza delle organizzazioni criminali messicane in Colombia, non è avvenuto inviando propri "soldati" dal Messico, ma attraverso negoziazioni tra le parti sul campo e l'iniezione di ingenti somme di denaro ed armi.

Proprio l'enorme iniezione di capitale ha rivitalizzato la criminalità organizzata colombiana, la quale colpita duramente dalle forze di contrasto al narcotraffico, iniziava a dare segnali di sbandamento, come per esempio nel caso del Clan del Golfo, divenuto per questo uno degli alleati più fedeli del cartello messicano .

Tutto ciò ha prodotto un cambiamento nelle dinamiche del traffico di droga in Colombia, che è stato adeguato a nuovi parametri, soprattutto con l'influenza di uno dei più grandi cartelli della droga al mondo come quello di Sinaloa, guidato da Joaquín Guzmán, alias "El Chapo", oggi condannato all'ergastolo negli Stati Uniti.

Infine, ultimo fattore riguardante la penetrazione dei cartelli messicani in Colombia deriva dal fatto che anche loro, come i narcotrafficanti colombiani, stanno cercando di massimizzare i loro margini di profitto. Essi non amano più comprare cocaina colombiana in America Centrale per circa 8.000 dollari al chilo, ma preferiscono acquistarla direttamente per 3.000 dollari in Colombia e, successivamente, organizzare in proprio trasporto verso le varie destinazioni sotto il loro controllo.

Un elemento che potrebbe cambiare molte cose, anche se non nell'immediato, è stata la scoperta nel 2021 di piantagioni di foglie di coca nello stato messicano di Guerrero, precisamente nell'area attorno al comune di Atoyac de Álvarez, in cui sono state trovate diverse aree coltivate con questa pianta ed un laboratorio per trasformare il raccolto in cloridrato di cocaina.

Le montagne dello stato di Guerrero hanno terreni molto fertili, soprattutto regione della Costa Grande dove nelle aree montuose Atoyac e

Tecpan i coltivatori locali da sempre hanno coltivato la canapa indiana e il papavero da oppio per poi produrre marijuana ed eroina ma, ultimamente stanno cercando di sostituire queste culture con la foglia di coca.

Anche qui, come in Colombia le piantagioni sono difficilmente rilevabili dagli elicotteri militari, in quanto son ben mimetizzate con altre colture, quindi è molto difficile per le forze di polizia e militari messicane individuarle ed successivamente intervenire per sradicarle.

Nonostante un aumento delle piantagioni di foglie di coca in Messico, ad oggi non vi sono indicazioni sul fatto che il paese centroamericano possa diventare presto un attore significativo nella produzione di Cocaina ma, comunque questa nuova realtà incomincia a essere presa sul serio da chi cerca di contrastare il narcotraffico e, tutte le altre varie attività criminali legate ad esso.

7. PLAN COLOMBIA

Plan Colombia, chiamato anche "Plan for Peace and the Strengthening of the State o Plan Colombia for Peace", è stato un accordo bilaterale stabilito tra i governi della Colombia e degli Stati Uniti . Concepito nel 1998 ed attuato a partire dal 1999, gli obiettivi principali dell'accordo consistevano in aiuti economici, messa in opera di una strategia atta allo sradicamento della coltivazione della coca, impedire il traffico illegale della cocaina verso gli Stati Uniti, l'addestramento delle forze militari e para-militari colombiane con il fine di contrastare la guerriglia marxista-leninista delle FARC e dell'ELN e, iniziativa diplomatica per aiutare la nazione sudamericana a promuovere la pace e lo sviluppo economico interno, incrementando di riflesso anche la sicurezza nella intera regione andina.

Dopo l'accordo di pace tra governo colombiano e FARC avvenuto nel 2017, Il Piano Colombia è stato sostituito, fino ad oggi con poco esito, con un nuovo programma denominato "Peace Colombia".

CONCLUSIONE

Come raccontato in questo libro, si è visto come storicamente l'intera regione caraibica è stata nel corso dei secoli un centro di attrazione per il commercio illegale in generale, continuandolo ad ancora ad esserlo al giorno d'oggi, soprattutto per quanto riguarda il traffico di sostanze stupefacenti, cocaina in primis.

Questo status deriva in parte dalla sua posizione geografica, che la interpone tra i paesi produttori di cocaina ed i principali mercati dove avviene consumo di essa ma, anche, per lo status di paradiso fiscale adottato da molti paesi, in cui l'economia si basa molto sulle varie strutture ed attività economico-finanziarie locali, molto appetibili ai narcotrafficanti per riciclare il denaro proveniente dalle loro attività illecite.

Il turismo, sempre in costante crescita e lo sviluppo dell'attività bancaria estera sono aspetti che facilitano il riciclaggio di denaro e il traffico indiscriminato di tutti i tipi di risorse associate alla criminalità transnazionale, fattori che sommati agli elevati livelli di corruzione, sono la causa e l'effetto del fenomeno del narcotraffico nella intera regione caraibica.

La corruzione legata al traffico della cocaina, oltre alla classe politica ed impresariale, si è insediata anche all'interno delle varie forze di sicurezza caraibiche sia all'interno della polizia, sia all'interno degli apparati militari. Gli stessi agenti statali corrotti sono pesantemente coinvolti nella criminalità organizzata. Nella Repubblica Dominicana, per esempio, si ritiene che le forze di sicurezza siano coinvolte fino al 90% dei casi di criminalità organizzata, inclusi omicidi su commissione, traffico di armi ed estorsioni.

Il ruolo delle forze dell'ordine e dei militari nel traffico illegale di droga in alcuni casi è così profondo che possono essere considerate trafficanti a pieno titolo. Questa situazione rende ancor più complicata la lotta al fenomeno criminale da parte degli apparati di sicurezza fedeli alla legalità.

Il traffico illegale di sostanze stupefacenti ha ormai raggiunto dimensioni globali inserendosi in un processo transnazionale che, come mezzo di generazione di risorse economiche, produce enormi benefici, molto superiori se si paragonano a quelli prodotti dalla economia reale di molti paesi insulari caraibici, ad incominciare da quelli di piccole dimensioni.

Infatti, tutte le attività associate alla criminalità organizzata transnazionale si basano sulla creazione di forti articolazioni locali e globali che comprendono un'ampia gamma di attori nazionali e internazionali, legali e illegali, in grado di plasmare un'economia illegale globale. Questa situazione è diventata una sfida di vitale importanza per molti paesi della regione, soprattutto in quelli che stanno affrontando problemi di sviluppo sociale ed economico e che, a causa di tali problematiche sono esposti ad varie situazioni che rendono permeabile l'economia locale ad infiltrazioni illegali basate principalmente sui proventi derivanti dal traffico di sostanze stupefacenti e dal riciclaggio del denaro "sporco" proveniente dallo stesso.

Quindi si può sicuramente affermare, che l'insieme degli effetti negativi prodotti dalla piaga del narcotraffico sono il risultato di una serie di fattori strutturali, sociali e politici che promuovono la criminalità, la violenza e gli affari illeciti nei paesi caraibici; aspetti che si costituiscono, soprattutto, come campo di opportunità per una popolazione sempre più impoverita, che riceve gli effetti della grande debolezza dei suoi Stati e delle altre istituzioni.

I cartelli della droga hanno ormai diffuso i loro tentacoli così profondamente nella società civile da mettere in pericolo i principi fondamentali della convivenza e la legalità di molti paesi che si affacciano sul Mar dei Caraibi.

Questo fenomeno criminale si è insediato nelle economie in crescita, le ha corrotte e le ha destabilizzate. Il narcotraffico è diventato una forma di potere geopolitico vero e proprio, e in grado di incidere in modo sostanziale tanto sull'economia quanto nella sfera politica. In grado di lacerare il tessuto sociale e di generare un rischioso circolo vizioso dove l'economia illegale finisce per diventare indispensabile all'economia nazionale.

Il risultato finale di tutta questa situazione è che lo Stato viene spesso contaminato, perdendo il controllo del territorio e della sua economia, diventando così prigioniero di tale attività criminale. Tale commercio illecito non si ferma mai e, nel suo costante obiettivo alla ricerca del profitto, cerca sempre nuovi paesi con economie o governi deboli, i quali possono offrire ai cartelli della droga vantaggi e nuove opportunità per penetrare la società affermando così il proprio potere.

Un potere criminale.

BIBLIOGRAFIA

• Revista CIMCON, Centro Internacional Marítimo Contra el Narcotráfico, Armada de Colombia, 2023

• El Mar Caribe, el narcotráfico y los nuevos piratas. María Luisa Pastor Gómez . Institudo Espanol de Estudio Estrategico, 2019

• El reemplazo de las redes colombianas por las venezolanas en el narcotráfico fronterizo internacional, Christian Vianna de Azevedo - Real Instituto Elcano, 2019

• Caribbean and Eastern Pacific maritime security: regional cooperation in bridge and insular states, Conners Matthew R., 2008

- Drogas en el paraiso: Narcotrafico y seguridad en el Gran Caribe, Silvia Mantilla, Editorial Academica espanola,2019

- Seguridad y Narcotráfico en el Caribe, Universidad Nacional de Colombia, 2019

- Narcotráfico en la Región Caribe, Luis Fernando Trejos Rosero 2017

- El crimen organizado en América Latina y el Caribe, Gabriel Kessler, Memoria Academica, 2015

- Geopolitica del Narcotráfico en America Latina, Norberto Emmerich, Administración Publica del Estado de Mexico, A.C.,2015

- Dominican Republic and Venezuela: Cocaine Across the Caribbean,InSight Crime, 2018

- Seguridad y narcotráfico en el Gran Caribe: geopolítica, integración regional y otros dilemas asociados, Silvia Cristina Mantilla Valbuena, Papel Político, volume 16, Pontificia Universidad Javeriana, Colombia, 2021

- Análisis situacional del narcotráfico: una perspectiva policial. Ameripol, Comunidad de Policías de América, 2020

• Cultivos de cannabis en America Latina: su erradicacion y efectos. Catalina Pérez Correa, Andrés Ruiz, Coletta Youngers. Colectivo de Estudios Drogas y Derechos, 2019

• Narcotrafico y el desafio a la seguridad en la triple frontera andina, Valeska Troncoso Zúñiga, Revista de Relaciones Internacionales, Estrategia y Seguridad, vol. 12. 2016

• Seguridad Maritima, Retos y Amenazas, Ediciones Escuela Superior de Guerra, Colombia 2016

SALVATORE PITTORRU

Salvatore Pittorru, analista di intelligence, esperto in security intelligence e geopolitica, ha operato per molti anni come consulente per conto di organizzazioni internazionali, ONG, Compagnie di sicurezza private ed agenzie investigative, in Europa, Africa, Medio Oriente, Sud-est asiatico, America meridionale e centrale.

Ha partecipato, ricoprendo il ruolo di Ispettore marittimo, ad alcune missioni in Africa Orientale e Penisola Arabica per conto delle

Nazioni Unite, svolgendo ispezioni di sicurezza a bordo di navi mercantili con lo scopo di rilevare e identificare la presenza di carichi illeciti.

Capitano di lungo corso, con ventennale esperienza di navigazione come Comandate e Ufficiale a bordo di navi mercantili, ha maturato negli anni profonda conoscenza in ambito di security marittima.

Dal 2022 è Direttore della Investigo International, agenzia che si occupa di intelligence geopolitica, investigazioni e travel security.

LA CASE BOOKS

L A CASE Books è un progetto editoriale nato nel 2010 da un'idea di Jacopo Pezzan e Giacomo Brunoro.

Agli inizi del 2010 infatti Pezzan, che vive a Los Angeles, capisce che quella dell'editoria digitale non è una semplice scommessa sul futuro ma una realtà concreta.

Così quando in Italia non era ancora possibile acquistare ebook su iTunes, e Kindle Store era attivo soltanto negli USA, LA CASE Books inizia a pubblicare ebook e audiolibri in italiano e in inglese sul mercato mondiale. Nel 2020, per celebrare i primi dieci anni di attività della casa editrice, iniziano anche le pubblicazioni in formato cartaceo.

Oggi LA CASE Books ha pubblicato più di 2.000 titoli tra libri cartacei, ebook, audiolibri e podcast in inglese, italiano, tedesco, francese, spagnolo, russo, portoghese e polacco, ed è presente in tutti i più importanti digital store internazionali (Amazon, Google Play Store, Apple Libri, Kobo…)

www.lacasebooks.com

NARCOCARIBE.

Il business della droga nel Mar dei Caraibi e in America Centrale

Salvatore Pittorru

ISBN 978-1-953546-60-9

Copyright © 2023 LA CASE

2023 - 1a edizione cartacea

Tutti i diritti riservati

LA CASE Books

PO BOX 931416, Los Angeles, CA, 90093

info@lacasebooks.com || www.lacasebooks.com

www.ingramcontent.com/pod-product-compliance
Lightning Source LLC
Chambersburg PA
CBHW070801280326
41934CB00012B/3007